JN087809

逆引き

キャッチコピー事典

業界／キーワード／季節／流行／環境／テクニックから引ける

長井 謙（ことばやさん）

SHOEISHA

はじめに

英単語帳のように
キャッチコピーをパラパラ調べられる。
それだけでも助かる人って、結構いると思う。

「逆引きキャッチコピー事典」は、この想いから生まれました。世の中にはキャッチコピーのテクニック本や名作集はたくさんありますが、広告の制作現場でいざキャッチコピーが必要になった時に、パッと参考となる広告コピーを調べられる本って意外と少ない気がしました。例えば、不動産サービスのキャッチコピーを作るとなった時、キャッチコピーの作り方の基礎をじっくり読んだり、名言集の中からヒントを得たり、使えそうなテクニックをいちいち調べる余裕もないと思います。「"今すぐ"不動産のキャッチコピーの参考例を知りたい」という要望に応えられるものを目指して、この本を作りました。

　私自身もコピーライターをしていますが、キャッチコピーを作るのにまず大切になってくるのは「たたき台」だと思っています。例えば、お客様からキャッチコピーのご要望をお伺いした時に、その場でパッとたたき台となるキャッチコピーの例を挙げることで、イメージのすり合わせができ、結果として完成度を高めることができます。逆に、伝えたいことやイメージがはっきりしていないまま、何となくキャッチコピーをご提案してもなかなか納得してもらえることが少ないです。「例えば、こういうキャッチコピーは近いですか?」とその場でパッと聞けるかどうかは、かなり大切だと思います。そういったたたき台を出すための参考書としても使えるように

しています。

　また、自社商品のキャッチコピーを作る時、自分たちのセンスだけで考えてもやはり行き詰ってしまいます。そうならないために、同業他社がどのようなキャッチコピーにしているのかを調べるだけでもキャッチコピーのイメージが湧きやすくなり、また同業他社と被ってしまうリスクも減らすことができます。キャッチコピーの理論に基づき「だれに何を伝えるのか」を整理して考えることももちろん大切なのですが、最終的な完成形のイメージをざっくりとつかんでおくことも同じくらい大切だと思います。

　この本では、業界別、キーワード別、テクニック別でキャッチコピーを調べられるようにしています。なので、いざキャッチコピーを作るとなった時に、目次を見て該当しそうな項目を引いてお使いいただくことをおすすめします。

　第1章では、これまでキャッチコピーのご依頼をいただくことが多かった業界に絞って参考例を載せています。「具体的な説明系の販促向けキャッチコピー」と「抽象的なイメージ系のブランディング向けキャッチコピー」をできる限りバランスよく載せるようにしました。仕事と関係のない業界のキャッチコピーであっても、意外とヒントとなるキーワードが見つかったりすることもあるので、パラパラめくるだけでも参考になると思います。

　第2章では、キーワード別にキャッチコピーを載せています。例えば、ハートフルなキャッチコピーにしたい場合は「笑顔」や「安心」といった項目が参考になりますし、クールなキャッチコピーにしたい場合は「スマート」や「ワンストップ」といった項目が参考

になるかと思います。トーンだけではなく、商品の特徴に合わせてキーワードを調べられるようにしています。

　あとは「春」「夏」「秋」「冬」といった季節をテーマにしたキャッチコピーも揃えましたので、各シーズンのキャンペーン広告の参考にしていただけますし、「サステナブル」「SDGs」といった昨今では欠かせない環境をテーマにしたキャッチコピーも揃えています。

　第3章では、初心者でも使いやすいキャッチコピーのテクニックを紹介しています。「どうも表現にインパクトが出ない」という時に試しやすいレトリックを揃えました。こちらは作り方の公式も載せていますので、使い方も一目で分かるかと思います。

　昨今ではChatGPTなどAIによるコピーライティングも流行ってきていますが、実際に使われたキャッチコピーの参考例をリサーチすることはまだ難しいようです。またAIが提案するキャッチコピーもある程度は参考になりますが、やはり実際に使われたことがあるキャッチコピーを調べる方がクオリティの面でも参考になると思います。

「そうそう、こういうキャッチコピーが欲しいんだよね」とイメージを共有できるような、作りたいキャッチコピーの"手掛かり"になる本を目指してようやく完成しました。この本が、広告関係者の方をはじめ、キャッチコピーを作る人の"心強い味方"になりますように。

長井 謙（ことばやさん）

コピーの基本 …… 006
本書の使い方 …… 016

第1章 業界別キャッチコピー …… 017

01 不動産サービス …… 018 　02 リノベーション・リフォーム …… 020 　03 弁護士 …… 022
04 税理士・公認会計士 …… 024 　05 社会保険労務士 …… 026 　06 歯科医院 …… 028
07 美容医療 …… 030 　08 精神科・心療内科 …… 032 　09 動物病院 …… 034
10 カフェ …… 036 　11 寿司屋 …… 038 　12 パン屋 …… 040
13 冷凍食品 …… 042 　14 お菓子 …… 044 　15 サプリメント・健康食品 …… 046
16 ギフト …… 048 　17 お茶 …… 050 　18 水 …… 052
19 ビール …… 054 　20 ワイン …… 056 　21 保育園・幼稚園 …… 058
22 学習塾・予備校 …… 060 　23 専門学校 …… 062 　24 大学 …… 064
25 エステサロン …… 066 　26 コスメ …… 068 　27 音楽教室 …… 070
28 鍼灸・整骨院 …… 072 　29 介護サービス …… 074 　30 ホテル …… 076
31 葬儀サービス …… 078 　32 ブライダルサービス …… 080 　33 花屋 …… 082
34 美容院 …… 084 　35 スポーツジム・フィットネスクラブ …… 086 　36 アパレル …… 088
37 ジュエリー …… 090 　38 バッグ …… 092 　39 メガネ …… 094
40 マーケティング …… 096 　41 クリエイティブ …… 098 　42 物流 …… 100
43 製造 …… 102 　44 システム …… 104 　45 化学 …… 106
46 コンサルティング …… 108 　47 観光 …… 110

第2章 キーワード別キャッチコピー …… 113

48 笑顔 …… 114 　49 未来 …… 116 　50 夢 …… 118
51 人生 …… 120 　52 世界 …… 122 　53 健康 …… 124
54 時代 …… 126 　55 挑戦 …… 128 　56 可能性 …… 130
57 動く …… 132 　58 仲間 …… 134 　59 春 …… 136
60 夏 …… 138 　61 秋 …… 140 　62 冬 …… 142
63 自分らしい …… 144 　64 好き …… 146 　65 環境 …… 148
66 サステナブル …… 150 　67 カーボンニュートラル …… 152 　68 おいしい …… 154
69 スマート …… 156 　70 どこでも …… 158 　71 感動 …… 160
72 ワンストップ …… 162 　73 革新 …… 164 　74 職人 …… 166
75 コスパ …… 168 　76 安心 …… 170 　77 ワクワク …… 172

第3章 テクニック別キャッチコピー …… 175

78 漢字変換 …… 176 　79 Aより、Bだ。 …… 178 　80 Aって、Bだ。 …… 180
81 ポジティブ変換 …… 182 　82 擬人法 …… 184 　83 いちばんAなのは、Bだ。 …… 186
84 反対語 …… 188 　85 対句 …… 190 　86 韻 …… 192
87 飛躍目的語 …… 194

おわりに …… 196
参考文献 …… 198

コピーの基本

そもそもキャッチコピーって？

みなさん、キャッチコピーと聞いて何が思い浮かびますでしょうか。こういう質問をすると、「そうだ 京都、行こう。」「お口の恋人」「おいしい生活」などの名作を挙げられる方が結構いらっしゃいます。このようなキャッチコピーの印象からか、キャッチコピーはどこか詩的な言葉でセンスで書くものと思われているような気がします。しかし、キャッチコピーはそういった芸術的なものではなく、**お客様とコミュニケーションするために書くもの**です。

突然ですが、あなたが好きな映画を思い浮かべてみてください。映画をあまり観ない人は、本でもゲームでも構いません。

次に、その映画をまだ観たことがない**友人にどうおすすめするか**を考えてみてください。ストーリーの面白さを伝えるのか、豪華なキャスト陣を伝えるのか、印象的なシーンを伝えるのか。「どうおすすめすれば、この映画に興味を持ってくれるだろう」と考えた時に出てくる言葉が、キャッチコピーに近いのです。

例えば、その友達がアイドル好きなら「あのアイドルの〇〇ちゃんの演技がすごくよかったよ」と言えばその映画に食いついてくれるかもしれません。仕事でストレスが溜まっていそうな友達なら「あの戦闘シーンは見るだけでスカッとするよ」と言えば食いついてくれるかもしれません。映画と友達をつなぐ言葉、それがキャッチコピーです。

詩や俳句などの文芸作品と違って、キャッチコピーは**「商品の魅力を相手に**

伝える」という目的があります。つまり、どんなに独創的なセンスでキャッチコピーを書いても、それが相手に通じていなければ意味がないのです。「そうだ 京都、行こう。」は言ってしまえば、「JR東海で京都に行きませんか?」というコミュニケーションですし、「お口の恋人」も言ってしまえば、「ロッテのお菓子で癒やされませんか?」というコミュニケーションです。

キャッチコピーの目的

キャッチコピーの目的は、商品の魅力を相手に伝えること。もっと言えば、**売り上げを上げること**です。

> **売り上げ＝単価×数量**

こちらは、売り上げをシンプルに示した計算式です。例えば、1本100円の水が5本売れたとします。そうすると、売り上げは、100円×5本＝500円となります。そう考えた時にこの水の売り上げを上げるには、2つの方法があります。

・**水の値段を上げる**（単価を上げる100円を500円にする）

・水を買う人を増やす（数量を増やす5本を50本にする）

水の値段を上げる方法には、
「この水は、他の水と違ってなんだかオシャレ」
「この水は、オレの毎日に欠かせないんだよね」
と値段が高くても、むしろ高いからこそ「買いたい」と思ってもらえるほど商品や企業に価値を感じてもらえるようにする必要があります。これが、いわゆるブランディングです。

水を買う人を増やすには、
「この水、健康に良さそうだし、買ってみようかな」
「この水、キャンペーンでお得だし、買ってみようかな」
というように、その水を買う具体的なメリットに興味を持たせて「買いたい」と思ってもらえるようにする必要があります。これが、いわゆる販促です。

> **単価を上げる＝ブランディング**
> **数量を増やす＝販促**

ブランディングは商品の価値を引き上げていく、販促は商品の価値を広めてい

くイメージです。

なぜいきなりブランディングや販促の話をしたかというと、キャッチコピーはざっくりこの2種類に分かれているからです。**ブランディング寄りのキャッチコピー、販促寄りのキャッチコピーと分けて考える**ことで、キャッチコピーを捉えやすくなります。

仕事でキャッチコピーについて話している時に、クライアントからこういう質問を受けたことがあります。

「有名メーカーさんの "〇〇と生きる" のようなキャッチコピーってあるでしょ？あのような言葉って意味あるんですかね？　あれで売り上げって上がるんですか？」

とくにマーケターや経営者など数字を重視するような方が抱きやすい疑問かもしれません。直接的に商品の宣伝をしていないキャッチコピーに意味はあるのかと。

なぜこのような疑問が生まれてしまうのかというと、ブランディングのキャッチコピーと販促のキャッチコピーを一緒に捉えてしまっているからです。

ブランディングと販促

こちらは、ブランディングと販促の違いを簡単に示した表です。ブランディングはテレビCMや新聞広告など主にマスメディアで、企業や商品をイメージアップさせることを目的とし、企業のメッセージや商品に込めた想いを伝えることでファンを増やしていくものが多くあります。販促は主にお店のPOPやウェブのLPなどで具体的な商品のメリットを伝えて直接購入を促すものが多くあります。

キャッチコピーを作る前に、そもそもこのキャッチコピーはイメージを上げるブランディングが目的なのか、それとも直接購買を促す販促が目的なのかを整理して考えていくことが大切です。

キャッチコピーは言葉のプレゼント

ちょっと話を戻しますが、キャッチコピーは友達に映画をおすすめする言葉と似ていると言いました。少し大きく言うと、キャッチコピーは相手に贈る「言葉のプレゼント」です。例えば、あなたが友達に誕生日プレゼントを贈る時に「何を贈ったら喜んでくれるだろう？」「そういえば、あのスニーカーを欲しがっていたな」と色々考えますよね。実はキャッチコピーを考える時もこれと近いです。「何を言ったら喜んでくれるだろう？」「そういえば、こういうニーズもあるかもしれない」など色々考えます。

キャッチコピーは大きく分けて

- 何を言うか（What to say）
- どう言うか（How to say）

の2つの要素から成り立っています。

ブランディング 単価を上げるためのコピー	販促 数量を増やすためのコピー
マスメディア	POP・LP・DM・お店の看板
想い・抽象的なメッセージ	特徴・具体的なメリット

キャッチコピー

何を言うか
(What to say)

プレゼントの中身

どう言うか
(How to say)

プレゼントの箱

「何を言うか」はプレゼントの中身です。相手に伝えたいことは何か、相手が喜んでくれそうなメッセージは何かを考えていきます。「どう言うか」はプレゼントの箱です。目を惹くように派手にした方がいいのか、温かみが伝わるようにした方がいいのかなどを考えていきます。

キャッチコピーを考える時によくあるのが「どう言うか」という表現だけにこだわって、肝心の「何を言うか」が決まっていないケースです。「英語でかっこよく伝えたいんだよね」「とにかくインパクトを重視したい」など表現だけを飾ろうとしてもうまく伝わりません。プレゼントの中身が適当なのに、プレゼントの箱をいかに装飾しても相手は喜んでくれないですよね。なので、キャッチコピーを作る時は「どう言うか」の前に「何を言うか」をしっかり決めることが大切です。

「何を言うか」をどう決めるか

「この新商品、特徴がたくさんあってどう一言にまとめればいいのか分からない」という悩み、よくあるのではないでしょうか。キャッチコピーで「何を言うか」をどう決めていけばいいのか、ポイントは大きく3つあります。

- 伝えたいことは1つに絞る
- 相手が喜びそうなことを考える
- 独自の強みを考える

伝えたいことは1つに絞る

このノートを見てください。

マーカーがたくさん引いてありますが、どこが大切なポイントなのか逆に分かりにくくなっていますよね。あれこれ色ん

なことを一気に伝えるというのはこの
ノートと似ています。結局どこが大切な
のか分からず、どれも印象が薄れてしま
います。キャッチコピーを考える時も商
品の強みを全部盛り込もうとするのでは
なく、「その中でもどれをとくに伝えた
いのか」を絞っていくと、より伝わりや
すいキャッチコピーになっていきます。
本当に大切な部分にだけマーカーを引い
ていくイメージです。また表現としても
キャッチコピーは短ければ短いほどイン
パクトが増していくので、特徴を絞った
方が目立ちやすくなります。

相手が喜びそうなことを考える

「特徴を1つに絞るといっても、どう絞
ればいいのか」という話になりますが、
単純です。いちばん相手が喜びそうなこ
とを言えばいいんです。

　例えば、「オシャレなデザイン」「たく
さんの収納スペース」「軽量」という3つ
の特徴があるバッグがあったとします。
そのバッグのどの特徴を強調した方がい
いかは、ターゲットによって決まってい
きます。例えば、個性を主張したい若者
であれば、そのバッグのデザイン性に惹
かれるかもしれません。

子連れで荷物が多い人であれば、その
バッグの収納性に惹かれるかもしれません。

出張が多いビジネスパーソンであれば、
軽量な部分に惹かれるかもしれません。

　今はコモディティ化が進み、商品の1つ
の機能だけで差別化するのは難しいかも
しれませんが、それでも相手が喜びそう
な商品の特徴に絞って伝えていくことで、
より刺さりやすいキャッチコピーになっ
ていきます。

独自の強みを考える

　相手が喜びそうな特徴に絞ったところ

で、まだ「よし、それを買おう！」とはなりません。なぜなら似た商品もお客様は検討するからです。例えば、軽いパソコンを買おうとする時に「これは〇グラムで□円か。こっちは●グラムで、■円か」と比較しませんか。

そのように競合商品と比較された時のために、キャッチコピーに「独自の強み」や「独自の想い」を入れられたら、より自社商品に興味を持たせやすくなります。

例えば、同じ軽量のパソコンでも「このパソコンは"壊れにくい"のに軽いんです」と伝えることで、軽量パソコン合戦から一歩抜け出せるかもしれません。また機能面だけではなく、商品へのこだわりや想いの面からも差別化することができます。「うちのパソコンは、1グラムを削るために5年かけました」と言われると、「そこまでこだわったパソコンなら安心できるかもしれない」と商品開発にかける情熱に心が動かされる可能性が出てきます。画期的な機能を伝えるだけではなく、企業の想いやこだわりを含めて表現することで、より独自性のあるキャッチコピーになっていきます。

「どう言うか」をどう決めるか

「どう言うか」を考える時に、伝える相手によって言い方を合わせていくことも大切ですが、それよりも「その企業らしいトーンかどうか」の方が大切だと思います。例えば、普段からみんなを笑わしているエンターテイナーのような人が、いきなり真面目なトーンで話しても「え、何かあったの？」となりますし、逆に普段真面目でクールな人がいきなり無理して冗談を言ってきたりすると、ちょっと違和感を覚えますよね。その人に合った話し方があるように、企業やブランドに合った話し方もあると思います。ちゃんと企業のイメージに合わせたトーンで表現することが大切です。

キャッチコピーのコツ

伝えたいことは決まった。それでも、なかなかうまくキャッチコピーに落とし込めない。そんな時は、これらのポイントを意識してみてください。

- かっこつけずに書いてみる
- 気づいたことを書いてみる
- 相手に聞いてみる
- 「分かっている」と「分からない」の間を書く
- 「自分だったら」で考える
- 自分の経験をリサーチしてみる

かっこつけずに書いてみる

なかなかペンが進まない時は、「どうにかしてうまいこと書いてやろう」と思っている時ではないでしょうか。そういう時はもうかっこつけずに「思ったことを素直に書こう」と切り替えてみると、ほどけたように言葉が出てくることがあります。

突然ですが、人生で心を動かされた言葉はありますか。著名人の名言、上司のアドバイス、友達が何気なく言った一言にも、心を動かされたことがあるのではないでしょうか。そのどれもが、表面だけを取り繕ったような言葉ではなく、その人の「本音」がもろに表れた言葉だと思います。たとえ拙い表現であったとしても、その人が**本気で自分のために語ってくれた言葉はいちばん強い**と思うんです。

キャッチコピーがただの広告の飾りになるか、伝わるコミュニケーションにな

るかは、この「本音」が入っているかどうかの違いもあると思います。本気で誰かのことを想って言った言葉は、共感もできるし、感動もできるし、とても励まされます。**キャッチコピーの強さというのは、想いの強さとも言える**かもしれません。キレイに飾ったキャッチコピーを他の企業が掲げるほど、AIサービスを使ってそれっぽいキャッチコピーがたくさん生まれるほど、チャンスです。どこにもない本音ほど響くキャッチコピーはありません。

気づいたことを書いてみる

いきなりスラスラと名作キャッチコピーを書けるコピーライターはほとんどいません。どんなベテランのコピーライターでも、まずは色んなことを書き散らかしています。何を書き散らかしているかというと「気づき」です。「あ、この商品って、こういう魅力もあるかもしれない」「これってよく考えれば、こういうことも言えるかもしれない」など、色んな気づきを書いたうえで、それを土台にしてキャッチコピーを書いています。まずはアイデアフラッシュのように、**その商品について思ったことや気づいたことを何でも書き出してみましょう。**

例えば「スマホ」について、何か思ったことを書き出してみてください。

- **スマホって、そばにないだけでソワソワする。**
- **1台というより、一人の人生なんじゃないか。**
- **もしかしたら、家族よりもスマホの方が長く見つめているかも。**

などスマホについて考えたことを自由に書き出してみると、はじめからスマホ

のキャッチコピーを考える時よりも、自分でも思いもよらなかった発想や表現が飛び出してくるかもしれません。「気づき」はキャッチコピーの大切な種です。その種をたくさん蒔いていくことで、どれかから花が咲くかもしれません。そう考えると、キャッチコピー作りも少し楽しくなってくるのではないでしょうか。

相手に聞いてみる

できたキャッチコピーがいいかどうか分からない時は、ターゲットに近い相手に直接聞いてみるのが早いです。「おお、その商品良さそうだね」となればいいですが「え、どういう意味?」「ふーん(無関心)」という反応なら、再考の余地があります。キャッチコピーあるあるですが、自分の渾身のキャッチコピーほど、相手にとっては意味が分からない表現になっているというのは多々あります。

「そうは言っても近くに聞ける相手がいない」という方におすすめなのは、その商品や競合商品の**口コミを見る**ことです。そこにはターゲットのリアルな声が載っていて、キャッチコピーのヒントの宝庫です。商品のオリエンシートよりも、**使ったことのある人の感想**の方がキャッチコピーの材料として役立つことが多いです。企業目線の都合のいい言葉ではなく、ターゲット目線からの**リアルな言葉**を活用することで、より共感しやすいキャッチコピーになっていきます。

「分かっている」と 「分からない」の間を書く

年賀状のキャッチコピーを考える時に「お世話になった人に年賀状を送ろう」と言って「おおおおお!確かに、お世話になった人にちゃんと挨拶をするのは大

切だ！さぁ、今すぐ年賀状を送ろう！」と思う人はいませんよね。「まぁ、そうだよね」とか「はいはい、そんなことは分かっています」という反応になるのではないでしょうか。逆に「年賀状は、大空を翔る鳥だ」と言われても、「はい？」「と、鳥…？」と混乱しますよね。前者は、すでに分かっていることを伝えているだけなのでひっかかりが弱く、後者はよく分からない表現で年賀状の良さが伝わっていません。キャッチコピーを書く時に**狙うべきところは、この「そんなの分かっている」と「よく分からない」の間**です。例えば、実際の広告で、「年賀状は、贈り物だと思う。」というキャッチコピーがあります。これを聞いて「そんなの分かっている」と思う人や、「よく分からない」と思う人よりも、「確かにそうかもしれない」と共感できる人の方が多いのではないでしょうか。「年賀状って形式張った挨拶やイベントではなく、温かいプレゼントなのかもしれない」という発見がこのキャッチコピーにはあります。この**共感できる発見**をいかに見つけられるかが、キャッチコピー作りの大切なポイントになっていきます。

「自分だったら」で考える

　商品のオリエンを受けている時に、「この商品、自分だったら買うかな」ということをよく気にします。例えば、デザイン性の高い注文住宅のキャッチコピーを考える時「自分だったら、いくらデザインがいい家と言われても、生活のしやすさが気になるかもしれない」「自分だったら、デザインがいい家ってすぐ飽きてこないか気にするかもしれない」など「自分だったら」と考えると、ターゲットの気持ちに少し近づいていきます。大切なのは営業目線になりすぎないことです。営業目線になってしまうと、どうしても

その注文住宅を「何とかして魅力的に見せよう」というマインドになってしまい、言葉に嘘が紛れてきたり大袈裟になってきたりして、ターゲットに共感されにくい表現になっていきます。そうではなく、注文住宅にしようか悩んでいる人の目線からキャッチコピーを考えてみると、

「生活のしやすさ、そこまでこの家のデザインです」
「大切なのは、飽きが来ないデザインです」

　といったように、ただの「デザインがいい注文住宅」から一歩踏み込んだキャッチコピーが生まれてくるかもしれません。ターゲットはまず「自分」と仮定してみることで共感してもらえるキャッチコピーが出てきやすくなっていきます。

自分の経験をリサーチしてみる

　キャッチコピーを考える時に、競合他社のキャッチコピーなどを検索される人も多いかと思いますが、「自分の経験」を検索する人は少ないのではないでしょうか。

　例えば、転職エージェントのキャッチコピーを考える時に

「そういえば、前職の時は、仕事がイヤでイヤでしょうがなかったな」
「転職エージェントがいてくれただけで安心できたな」
「転職先を提案してくれて、一気に道が開けたような感覚があったな」

　など、その時のことをじっくり思い返してみることでキャッチコピーのヒントが見つかっていきます。あの頃の自分にどんな言葉をかけたら興味を持ってくれそうかを想像してみることで、よりリア

ルな視点でキャッチコピーを考えること
ができます。「そうはいっても、自分は
今まで転職したことがないから想像する
のが難しい」となった時は、「転職」で
はなく「人生の岐路」などテーマを広げ
て考えてみてもいいでしょう。「もしあ
の時、彼女と出会えてなかったら、もっ
とつまらない人生だったかもしれない。
これは、もしかしたら仕事も同じことな
のかも」とテーマを広げてみることで、
新しい切り口が見つかるかもしれません。

　ネットの中だけではなく、自分の経験
からもリサーチしてみることで、より温
度のある言葉が見つかっていきます。

キャッチコピーの勉強法

　最近はコピーライティングや伝え方の
テクニックが書かれた本もたくさんあり
ます。私自身もそういった本で勉強して
いたこともありますが、ここではもっと
気軽に楽しめるキャッチコピーの勉強法
を紹介します。

街中のキャッチコピーを
観察してみる

「コピーライターになるには、たくさん
本を読む必要がありますか?」という質
問を受けることがあります。おそらくコ
ピーライターは本をたくさん読んで語彙
力や表現力を身に付けているのだと思わ
れているのでしょう。しかし、私自身は
読書するのが苦手で、すぐに飽きてしま
います(笑)。そんな私でも続けている
ことがあります。それは、**気になった広
告のキャッチコピーを写真に撮る**ことで
す。例えば、コンビニの商品POP、電車
の中吊り広告、SNSの広告など、ありと
あらゆるところにキャッチコピーはあり
ます。こういった広告やキャッチコピー

を読み飛ばさずにちゃんと観察してみる
となかなか面白いです。「このメッセージ、
よく考えるとちゃんとターゲットの気持
ちを捉えているな」「このキャッチコピー
は、どうしてこんなに気になってしまう
んだろう」「うーん、自分だったらこん
なキャッチコピーにするかな」などじっ
くり観察し、自分なりに考察してみるだ
けでも勉強になると思います。表現技法
にたくさん触れることも大切ですが、何
より色んなキャッチコピーを楽しんで見
てみることの方が大切だと思います。気
になった広告は写真に撮ってSNSで共有
してみんなの反応を見てみるのもいいで
しょう。あまり反応されなかったら共感
が少なく、反応が多かったら共感が多い
広告ということでそのデータ自体も勉強
材料になります。そのようにして、あな
たの街を**「キャッチコピーの展示場」と
して見渡してみる**と、もっとキャッチコ
ピーが面白く感じてくるかもしれません。

キャッチコピーコンテストに
応募してみる

　バッターボックスに立たないで野球の
テクニック本を読みまくったところで
ヒットは打てませんよね。キャッチコ
ピーも同じです。何冊もキャッチコピー
の本を読み漁ったところで、自分がキャッ
チコピーを書く練習をしなければやっぱ
り上達しません。そのキャッチコピーの
練習場として、**キャッチコピーコンテス
トに応募してみる**ことをおすすめします。
ネットで「キャッチコピー　コンテスト」
と検索すると色んなところが募集をかけ
ていたりします。たいてい無料で応募で
きますし、周りの人に見られることなく
応募できるところも多いです。思いっき
り言葉のバットを振り回せます。しかも
当たったら賞金がもらえてお小遣いにな
るかもしれません。こんなに創造的で面

白い趣味はないと思います。コンテスト
の過去の受賞作品を見るだけでも勉強に
なりますし、たとえ落選してしまっても、
受賞したキャッチコピーと自分のキャッ
チコピーを見比べることで気づきも得ら
れますし、「次回はもっとこう書いてみ
よう」と情熱を燃やすきっかけにもなり
ます。「まぁ、駄目元でチャレンジして
みようか」ぐらいの軽い気持ちで応募し
てみることをおすすめします。

色んな経験をしてみる

　キャッチコピーを書く時に便利なのは
**「言葉の引き出し」よりも「経験の引き
出し」**です。例えば、沖縄に行ったこと
がない人が、沖縄県の観光キャンペーン
のキャッチコピーを書くのはなかなか難
しいと思います。あのなまぬるい暑さ、
時間の流れが一気にゆるんでいく感じ、
「〇〇しようね」など語尾に「ね」を付
けて話す沖縄の方言の温かさ。そういっ
たリアルな経験をキャッチコピーに活か
していくことで、オリジナリティのある
表現が生まれていきます。**「たまには新
しいお店に行ってみるか」「気になって
いた趣味をやってみるか」**と気軽な感じ
で新しい経験を積んでいくことで、商品
と自分の共通点が多くなり「経験の引き
出し」がたくさん増えていきます。そし
て何より、新しい経験を積んでいくこと
自体が人生の楽しみにもなっていくと思
います。あらゆる経験を言葉につなげら
れるコピーライターは、本当にいい仕事
だとつくづく感じています。

違う分野のキャッチコピーを
見てみる

　とあるイヤホンのキャッチコピーを作っ
た時の話です。そのイヤホンはファッショ
ン性が高く、オシャレを楽しみながら音
楽も楽しめるという商品でした。その時
に参考にしたのは、競合商品のキャッチ
コピーよりも、アクセサリーブランドの
キャッチコピーや女性誌に出てくる見出
しでした。そこで見つけた「ファッショ
ン性のある言葉」と「イヤホンの言葉」
の共通点となるキーワードを考えながら
キャッチコピーをご提案させていただい
た経験もあります。何が言いたいかとい
うと、**商品とは一見関係のない分野の
キャッチコピーを見てみる**ことで、想像
もしなかった言葉が見つかる可能性があ
るということです。

　この本には、色んな業種のキャッチコ
ピーを掲載しています。ぜひ、自社や対
象商品とは関係ないキャッチコピーも参
考にしてみてください。もしかしたら、
ヒントになる言葉が見つかるかもしれま
せん。そういった偶然の言葉の出会いも、
ぜひお楽しみいただけたらうれしいです。

本書の見方

キャッチコピー例
その業界や商品で実際に
使われたコピー例や著者
によるサンプル例です

こんな言葉もおすすめ
その業界や商品特性上、
使いやすくアレンジしや
すい言葉の例を紹介

---

02 リノベーション・リフォーム

独自の施工技術を伝えて安心感を。

リノベーション・リフォームのキャッチコピーは、価格や実績数だけではなく、どのような施工を得意としているのか、どのようなターゲットを狙っているのかを整理し、競合他社との差別化をしていくことが大切です。また、怪しいリフォーム業者と思われないためにも、技術力やこだわりについて PR することが顧客の安心感につながってきます。

こんな言葉もおすすめ！

・理想	・空間	・自由	・スタイル
・人生	・雰囲気	・品質	・格段に
・家族	・新しい	・安心	・こだわり
・日常	・自分らしい	・資産価値	・育てる
・毎日	・快適	・グレードアップ	・合わせる
・間取り	・住み心地	・デザイン	・変わる

キャッチコピー例

1. **らしい暮らしを、見つけよう** 〔リノベ「リノベる.」〕

2. **大人を自由にする住まい** 〔groove agent「ゼロリノベ」〕

3. **いい時間をつくるリノベーション。** 〔ニューユニークス「myリノベーション」〕

4. **「しかたなく」から「したくなる」リフォームへ。** 〔隅木ハウス建設「Re:QUEST」〕

5. **育てていく住まい** 〔リフォーム「あとよし」〕

6. **つぎの価値を測る。** 〔インテリックス〕

7. **家を元気にする会社** 〔増改リノベーション〕

8. **リノベーションの先に見えるもの** 〔正和工業「リノクラ」〕

9. **こんなリフォーム会社、探してた** 〔アイ・エス・ガステム〕

10. **リフォームをもっと身近に** 〔Kuwazaki Holdings「くすのキリフォーム」〕

11. **目指すは、元通り以上。** 〔サンプル自作〕

12. **家も、次のステージに。** 〔サンプル自作〕

解説

リノベーションで家を直してしまうだけではなく、自分らしい暮らしが送れるようになるという 多角的な視点を伝えているキャッチコピーです。

今の家のストレスから解放してくれるだけではなく、予期しない価格をうまく問いかけてくれるリノベーションのコンセプトを「自由にする」という言葉で表現するキャッチコピーです。

いい空間をつくるだけではなく、そこで過ごすの良い時間までイメージできるキャッチコピーです。ワンランク上の楽しい生活を提供するだけではありません。

嫌だけれど仕方なくなるというイメージがあるリフォームを良いものだけではなく、もっと前向きに楽しくしたくなるポジティブな気持ちでリフォームをすることを表現しているキャッチコピーです。

家は建てて終わりではなく、その後もずっと育てていくものという、家の見方を変えてくれるようなキャッチコピーで、リノベーションが映える一言です。

「リノベーションで家の新しい価値をつくっていく」というメッセージが伝わってきます。「測る」という言葉で、その道のプロの技術力まで感じられます。

「家を新しくする」ではなく「家を元気にする」と言うことで、家がより良く使えるようになるというニュアンスまで伝わってきます。擬人法を使うことでキャッチーな表現にもできています。

リノベーションそのものがゴールではなく、その先にある新しい暮らしまで見据えたサービスを提供しているという企業姿勢が伝わってきます。

企業目線からの言葉ではなく、顧客目線からの言葉にすることで、より親身的なの姿勢を持ってもらえるようなキャッチコピーになっています。

もっと気軽にリフォームを利用してほしい、という企業の想い・姿勢が伝わってきます。「もっと身近に」はリフォームに加えて、いろいろなものに応用できるフレーズです。

ただ家の壊れた個所を修復するだけではない、それ以上の価値ある空間にしてほしいというイメージを込めたキャッチコピーです。

家は建てて終わりではなく、人のライフステージとともに変わり変わっていくものであると表現することで、リフォームやリノベーションの価値を伝えたキャッチコピーです。

解説
コピー例の分析や使われ
ている表現について言語
化して紹介しています

アイコン
そのキャッチコピーに使
われている表現のテクニッ
クを示しています。

否定強調	「□□ではなく、〇〇だ」というように、一度否定をはさむことで伝えたいメッセージを強調
韻	語頭や語尾で似た音を合わせて、ラッパーのように表現
擬人法	人でないものを人のようにたとえて表現
飛躍目的語	目的語を大きな言葉にしたり、具体的な言葉にしたりすることでインパクトを出す
漢字変換	「幸告をつくる」など、漢字の一部を変換することで新しい意味を持たせる
挨拶表現	「おはよう」「バイバイ」といった挨拶表現を使ったテクニック
たとえ	「〜のような」「〜みたいに」と何かを例に出すことで分かりやすく伝える
対句	似た意味や語感の言葉を対照的に並べて表現
数字	メッセージを具体的に表現するための数字を取り入れたテクニック
オノマトペ	「サクサク」「ぱっと」などの擬音語や擬態語
問いかけ	疑問文にすることで読み手に興味を抱かせる
反対語	「大きい」「小さい」など対極にある言葉を一文に並べる
リフレイン	同じ言葉を繰り返し使うことでメッセージ性を強める

業界別キャッチコピー

1

不動産サービス

住む人の人生に寄り添ったメッセージを。

　不動産サービスのキャッチコピーで大切なのは、お客様に「ここなら安心して任せられる」と思ってもらえるようなメッセージにすることです。家だけではなく、住む人の人生にまで寄り添っていくことを伝え、独自のコンセプトやサービスの特徴を入れていくと、オリジナリティのあるキャッチコピーになっていきます。不動産屋の「本心」が感じられるメッセージを意識しましょう。

キャッチコピー例

1 家は、生きる場所へ。　　　　　　　　　　（大和ハウス工業）

2 今日を愛せるだけでなく、未来を愛せる家を。　（ヘーベルハウス）

3 木と生きる幸福。　　　　　　　　　　　　（住友林業）

4 次の不動産の常識をつくり続ける　　　　　（リビタ）

5 成功する不動産売買　　　　　　　　　　（東急リバブル）

6 あしたを、つなぐ　　　　　　　　　　　（野村不動産）

7 不動産屋がここまでやるか　　　　　　　（エスエストラスト）

8 住むこと、まるごと　　　　（リロバートナーズ「リロの不動産」）

9 感動が育つ住まい。　　　　（中央日本土地建物「BAUS」）

10 リア住。　　（第56回宣伝会議賞協賛企業賞 和田興産「ワコーレ」）

11 家の中にいる、人生を見守る。　　　　　（サンプル自作）

12 ライフステージを選ばない家。　　　　　（サンプル自作）

こんな言葉もおすすめ！

・人生	・個性	・暮らし	・デザイン
・夢	・快適	・おしゃれな	・集う
・感動	・空間	・心地いい	・実現する
・傑作	・理想	・ライフステージ	・形にする
・家族	・思い出	・ライフスタイル	・追求する
・舞台	・ぴったり	・機能性	・楽しむ

解説

リモートワークが進む今の時代において、家は帰るだけの場所ではなく生きる場所になっていると、家の価値の変化を再認識させるようなキャッチコピーです。

今日だけではなく、この先もずっと幸せに暮らせる家を提供していくというメッセージが感じられるキャッチコピーです。サステナブルな社会への貢献についても感じられます。　否定強調

「木」だけではなく「幸福」という言葉にも温かみが感じられるキャッチコピーです。自然素材を使った家で暮らせる贅沢感が伝わってきます。

新しい不動産サービスを次々提供していくという姿勢が感じられるキャッチコピーです。「次の」という言葉で、前へ突き進んでいく企業姿勢が伝わってきます。

「成功する」という言葉でお客様に安心感を与えるキャッチコピーです。ただ家の売買をするのではなく、お客様が求めるゴールを約束するような頼りがいのある表現になっています。

「あした」という言葉で、お客様の人生の1日1日を大切にしていく姿勢が伝わってきます。また、不動産の価値を明日につなげていくというメッセージも感じられます。

「ここまでやるか」という言葉で、他の不動産屋がやらないところまでサービスを提供していく姿勢が伝わってきます。お客様に対するサービス精神が強く感じられます。

「不動産のことならなんでも相談できる」という頼りがいを感じられるキャッチコピーです。「こと」「ごと」と韻を踏むことでキャッチーになっています。　 韻

「感動が育つ」という言葉で、家を買った時の感動や充実感がずっと続いていくようなイメージができるキャッチコピーです。　 飛躍目的語

「リア充」と「住」を合わせたマンションのキャッチコピーです。このマンションに住むことで生活や毎日が充実していくイメージを覚えます。　 漢字変換

家のことではなく、住む人の人生に寄り添っていることを伝えたキャッチコピーです。「見守る」という言葉で、アフターサポートも期待させる表現を狙って制作しました。

お客様のライフステージに寄り添っていくことを伝えたキャッチコピーです。「選ばない」と否定形にすることで、メッセージを強めています。

リノベーション・リフォーム

独自の施工技術を伝えて安心感を。

リノベーション・リフォームのキャッチコピーは、価格や実績数だけではなく、どのような施工を得意としているのか、どのようなターゲットを狙っていくのかを整理し、競合他社との差別化をしていくことが大切です。また、怪しいリフォーム業者と思われないためにも、技術力やこだわりについてPRすることで顧客の安心感につながっていきます。

キャッチコピー例

1　らしい暮らしを、見つけよう （リノベる「リノベる。」）

2　大人を自由にする住まい （groove agent「ゼロリノベ」）

3　いい時間をつくるリノベーション。 （ニューユニークス「nuリノベーション」）

4　「しかたなく」から「したくなる」リフォームへ。 （積水ハウス建設「Re:QUEST」）

5　育てていく住まい （リビタ「あとリノ」）

6　つぎの価値を測る。 （インテリックス）

7　家を元気にする会社 （情熱リノベーション）

8　リノベーションの先に見えるもの （正和工業「リノシア」）

9　こんなリフォーム会社、探してた。 （アイ・エス・ガステム）

10　リフォームをもっと身近に （Kusunoki Holdings「くすの木リフォーム」）

11　目指すは、元通り以上。 （サンプル自作）

12　家も、次のステージに。 （サンプル自作）

こんな言葉もおすすめ！

・理想	・空間	・自由	・スタイル
・人生	・雰囲気	・品質	・格段に
・家族	・新しい	・安心	・こだわり
・日常	・自分らしい	・資産価値	・育てる
・毎日	・快適	・グレードアップ	・合わせる
・間取り	・住み心地	・デザイン	・変わる

解説

リノベーションで家を新しくするだけではなく、自分らしい暮らしが送れるようになるという一歩先の価値まで伝えられているキャッチコピーです。

今の家のストレスから解放してくれるだけではなく、予算にも余裕を与えてくれるリノベーションのコンセプトを「自由にする」という言葉で表現できているキャッチコピーです。

いい空間をつくるだけではなく、そこで過ごす心地いい時間までイメージできるキャッチコピーです。ワンランク上の新しい生活を期待させてくれる表現です。

壊れてしまったからしょうがなくとネガティブな理由でリフォームをするだけではなく、もっと家を魅力的にしたいからとポジティブな理由でリフォームができるというコンセプトを表現できているキャッチコピーです。

家は建てて終わりではなく、その後もずっと育てていくものという、家の見方を変えさせてくれるようなキャッチコピーです。リノベーションが楽しく思えてきます。

「リノベーションで家の新しい価値をつくっていく」というメッセージが伝わってきます。「測る」という言葉で、その道のプロの技術力まで感じられます。

「家を新しくする」ではなく「家を元気にする」と言うことで、家がより長く使えるようになるというニュアンスまで伝わってきます。擬人法を使うことでキャッチーな表現にできています。

リノベーションそのものがゴールではなく、その先にある新しい暮らしまで見据えてサービスを提供しているという企業姿勢が伝わってきます。

企業目線からの言葉ではなく、顧客目線からの言葉にすることで、より感動が伝わり興味を持たせるようなキャッチコピーになっています。

もっと気軽にリフォームを利用してほしい、という企業の想いや使命が伝わってきます。「もっと身近に」はリフォーム以外にもよく使われるフレーズです。

ただ家の壊れた個所を修復するだけではなく、それ以上の魅力ある空間にしていくというメッセージを込めたキャッチコピーです。

家は建てて終わりではなく、人のライフステージとともに生まれ変わっていくものであると定義することで、リフォームやリノベーションの価値を伝えたキャッチコピーです。

弁護士

「ここなら安心できる」と思わせる、真摯な想いを。

　まずは「この弁護士なら安心できる」と感じてもらえるように、相談者様にどうなってほしいのかを具体的に伝えていくことが大切です。個人の方に気軽に相談してもらいたいのであれば、あまり硬くなりすぎず、親しみやすいトーンにすることで安心感を与えられます。法人向けであれば、実績や経験による安心感を訴求するのも効果的です。弁護士の性格や想い、事務所のコンセプトもふまえたうえでキャッチコピーを作っていきましょう。

キャッチコピー例

1. **あなたの生活と人生を守るパートナー**
（法律事務所MIRAIO）

2. **あなたの明日を、明るく照らすお手伝い。**
（アステル法律事務所）

3. **なにか、の前からご一緒しましょう。**
（恵美法律事務所）

4. **おせっかいな法律相談所**
（しばた未来法律事務所）

5. **あなたと地域のシンクタンクに**
（新久総合法律事務所）

6. **一日でも早く、あなたが安心できるように。**
（クラッチロイヤー法律事務所）

7. **チームになれる、弁護士がいる。**
（天野・小池法律事務所）

8. **クライアントとともに。**
（北浜法律事務所）

9. **あなたに安心していただくこと
それが私のやりがいです。**
（井上法律事務所）

10. **経営に法的付加価値を**
（小島国際法律事務所）

11. **プロだから分けられる、相続がある。**
（サンプル自作）

12. **話せる。だから、前を向ける。**
（サンプル自作）

こんな言葉もおすすめ！

- ・安心
- ・信頼
- ・納得
- ・日常
- ・解決
- ・人生

- ・挑戦
- ・未来
- ・ともに
- ・チーム
- ・パートナー
- ・味方

- ・ビジネス
- ・～に強い
- ・分かりやすい
- ・同じ目線で
- ・話せる
- ・寄り添う

- ・守る
- ・力になる
- ・戦う

解説

「生活と人生を守る」という約束に心強さと安心感を覚えます。トラブルを抱えて不安な方に刺さりそうなキャッチコピーです。

「明日」「照らす」と「アステル」という事務所名を合わせているキャッチコピーです。事務所の想いだけではなく、事務所名も覚えてもらいやすい表現になっています。

「なにか、の前から」という言葉で、そもそも弁護士に相談すべきか悩んでいる方も安心してサービスを利用してみようと思ってもらえそうなキャッチコピーになっています。

「おせっかいな」という言葉で、こちらの状況や気持ちに親切に寄り添ってくれるような事務所のサービス精神が伝わってきます。

暮らしを守る法律の知見が集約されているイメージが伝わります。また、「シンクタンク」を事務所名の「新久」と合わせることで、事務所名も覚えてもらえる表現になっています。

トラブルが起きて不安でたまらない相談者様の状況をふまえて、一刻も早く安心できる日常を取り戻していくという弁護士の真摯な想いが感じられるキャッチコピーです。

「チーム」という言葉で、ただの専門家ではなくクライアントに寄り添ったサービスを提供していくという、クライアントとの関係性を重視した事務所の姿勢が感じられます。

「～とともに」と短く言い切ることで、お客様との関係性をいちばんにしていることが伝わり、さらに「クライアント」という言葉で法人向けのサービスであることまで分かりやすく示しています。

「それが私のやりがいです」という言葉で、弁護士の使命が感じられるキャッチコピーです。相談者様の安心のために手を尽くしていくという事務所の姿勢が感じられます。

「法的付加価値」という言葉で、ビジネスを安心して進められることを期待させつつ、「経営に」という言葉で、法人向けに特化していることまで伝わってきます。

ちゃんとプロに頼って相続をしたくなってくるキャッチコピーを狙って制作しました。相続など特定のサービスに絞って訴求していくことも効果的です。

堅い印象を抱かれやすい弁護士においては、「話しやすさ」も大切な訴求ポイントになっていきます。

税理士・公認会計士

どのようにクライアントに寄り添っていくか。

　税理士や公認会計士のキャッチコピーは、クライアントに寄り添えるパートナーとしての信頼感を伝える中で、独自の強みや想いを入れ込んでいくことが大切です。グループの総合力や地域密着型のサービス、または専門性についてもPRしていくことで、他事務所との違いが出せて、オリジナリティのある表現になっていきます。クライアントの利益や成長のために尽くしていく姿勢を見せることで、安心感や信頼感を抱いてもらいやすくなるでしょう。

キャッチコピー例

1 **経営管理に、さらなる知見と熱量を。** （AGSグループ）

2 **総合力は、想う力。** （アクタスグループ）

3 **あなたと一緒に成長していく事務所へ** （ALPS税理士法人）

4 **税務を変えると企業が変わる** （朝日税理士法人）

5 **未来を拓く光** （名南コンサルティングネットワーク）

6 **ココロ通うコンサルティング** （井上郷税理士事務所）

7 **あなたの暮らしのそばにいる** （東京税理士会）

8 **税金は、味方にできる。** （税理士法人 昴）

9 **成功する人は、頼ることを恐れない人です。** （税理士法人 昴）

10 **いちばんの税金対策は、円満です** （円満相続税理士法人）

11 **欲しい数字が、すぐ届く。** （サンプル自作）

12 **数字で、未来を明確にする。** （サンプル自作）

こんな言葉もおすすめ！

- ・未来
- ・成長
- ・成功
- ・数字
- ・信頼
- ・安心

- ・知見
- ・戦略
- ・視点
- ・右腕
- ・最大化
- ・発展

- ・総合力
- ・ビジネス
- ・パートナー
- ・ブレーン
- ・ともに
- ・コンサル

- ・確かな
- ・最適な
- ・寄り添う
- ・頼れる
- ・加速する
- ・導く

解説

「さらなる」という言葉で、ますます経営が活気づいてくるイメージが湧くキャッチコピーです。また、「熱量」という言葉で、サービスへの本気度が伝わってきます。

税務だけではなく、人事労務やシステムまでサポートできる総合力を「想う力」と結び付けることで、クライアントへの献身的な姿勢が伝わってきます。

「成長させる」ではなく「一緒に成長していく」と言うことで、クライアントと二人三脚で寄り添っていく事務所の姿勢が感じられるキャッチコピーです。

今の税理士に不満を抱えている企業に刺さりそうなキャッチコピーです。「変える」という言葉で、今の税理士を見直したくなる表現になっています。

変化が激しい今の時代において「光」という言葉が、経営の道しるべのように感じてくるキャッチコピーになっています。経営を明るく照らしてくれるようなイメージができます。

「コンサルティング」というクールな単語に「ココロ通う」という温かい言葉を組み合わせることで、こちらの気持ちにしっかり寄り添ってくれるような安心感を抱くキャッチコピーです。

「暮らしのそば」という言葉で、一般の人と税理士の距離を縮めるようなキャッチコピーになっています。

税金の見方が変わるような表現で、賢く節税対策が行えるようになることが伝わるキャッチコピーです。

自分で経営や税金の悩みを抱え込まずに、分からないことは素直に専門家に任せたくなってくるようなキャッチコピーです。

「円満相続税理士法人」の事務所名を覚えてもらえるようなキャッチコピーで、「税金対策」という言葉で、サービスのメリットを分かりやすく伝えられています。

売り上げを気にしている経営者や、スピード経営を重視している方を狙ったキャッチコピーで、スピーディーな対応ができる税理士や公認会計士に合った表現です。

先が読みにくい今の時代において「未来を明確にする」という言葉で、経営者に安心感を抱かせるように制作したキャッチコピーです。

社会保険労務士

社労士の想いや人柄まで伝えられるとベスト。

　社労士のキャッチコピーは、専門性やメリットを伝えるだけではなく、社労士自身の「人柄」まで伝えられればベストです。事業所のビジョンや想いを伝えることで、「社労士に頼みたい」ではなく「ここに頼みたい」と思われやすくなります。また、「やっぱり企業にとって人材って大切だ」と人事や労務管理の価値に改めて気づかせるようなアプローチも効果的です。

キャッチコピー例

1 **面倒な人事労務にさようなら！** （東京人事労務ファクトリー）

2 **人にやさしく。働きやすく。** （東京都社会保険労務士会）

3 **組織と人の、あいだに。** （社会保険労務士法人伊藤人事労務研究所）

4 **ES（従業員満足）向上させることが、企業価値を上げる最高の施策です。** （社会保険労務士法人ソーシャルブライトマネジメント）

5 **主治医のような、社労士であろう。** （主治医のような社会保険労務士法人）

6 **人が会社をつくる、会社が人をつくる。** （社会保険労務士法人クラシコ）

7 **働きながら健康になる職場づくり** （ウェルネスワーク）

8 **社労士の要らない会社を目指して** （社会保険労務士法人桜井労働法務事務所）

9 **月曜日が楽しみになる職場へ** （KOMACHI社会保険労務士法人）

10 **いざという時に頼れるパートナーとして　いつでも明るく話せるパートナーとして** （KOMACHI社会保険労務士法人）

11 **本当に、アットホームな職場へ。** （サンプル自作）

12 **人が続くと、会社は続く。** （サンプル自作）

こんな言葉もおすすめ!

- 味方
- 職場
- 組織
- 労働環境
- 働き方改革
- 働きがい

- 人
- 健康経営
- 成長
- 発展
- 助成金
- 課題解決

- 仕組み
- ともに
- パートナー
- サポート
- モチベーション
- 働きやすい

- 心強い
- 寄り添う
- 実現する

解説

「さようなら!」という言葉で、人事労務の煩雑な手続きから解放される気持ちよさが伝わるキャッチコピーです。「さようなら」は悩みや負担をなくすような商材において便利な言葉です。 挨拶表現

「人にやさしく」「働きやすく」と韻を踏んでキャッチーに表現しながらも、安心できる職場で働ける気持ちよさまで伝わってくる表現です。 韻

会社と労働者の間に入ってサポートしていく姿勢が伝わるキャッチコピーです。組織の想いと労働者の想いをつないでいくようなイメージができます。

「ES向上」をキーワードにすることで、自分たちが提供する価値をはっきり示しているキャッチコピーです。従業員想いの企業に興味を持たれそうな表現になっています。

社労士を主治医と例えることで、困った時に何でも相談できるような安心感や信頼感が伝わってきます。たとえは表現をジャンプさせるのに効果的なテクニックです。 たとえ

「人」と「会社」の関係性を伝えることで、人事労務の価値に気づかせるような表現になっています。働きやすい職場がなぜ大切なのかが伝わってきます。

従業員の健康管理も経営的な視点でサポートする「健康経営」をイメージできるキャッチコピーにすることで、自分たちが提供する価値を伝えられています。

「何か問題が起きても社内で解決できる高いレベルの企業になっていただきたい」というボディコピーもあり、事業所の使命や覚悟まで感じられるキャッチコピーです。

「月曜日にまた働き始めるのが憂鬱」という職場を「月曜日からまた働くのが楽しみになる」というポジティブな職場にしていくというコンセプトが分かりやすく伝わってきます。

「いざという時に頼れる」という言葉で急なトラブルでも安心して任せられることが、「いつでも明るく話せる」という言葉で職場を明るくしてくれる人柄が対句で伝わってきます。 対句

求人でよくある「アットホームな職場」というキーワードを、「本当に」と組み合わせることでインパクトを持たせたキャッチコピーです。

離職率の高さを課題としている企業を想定し、人が続く会社に向けて一歩踏み出したくなるようなキャッチコピーを狙って制作しました。 リフレイン

歯科医院

06 Industry

治療後も通いたくなるような表現を。

　コンビニよりも多い歯科医院において、キャッチコピーでも差別化ができるよう、院の想いをしっかり伝えていくことが大切です。どういった方に、どういう価値を届けていきたいのかを明確にしていくとオリジナリティのあるキャッチコピーが生まれてきます。治療後も継続的に通ってもらえるように、患者様に歯の意識を高めてもらえるような表現を意識するとより効果的です。

キャッチコピー例

1. いちばん痛くないのが、予防です。　　（ひがしだ歯科クリニック）

2. できるだけ痛みが少なく歯を削らない治療を目指しています。　　（オーラルケアステーション天満橋歯科）

3. みんなの笑顔が見たいから　　（はやし歯科医院／香川県高松市）

4. 10年後、よかったと思える治療を　　（スズキ歯科医院／京都府京都市）

5. 必ず解決の道をお答えします　　（桜桃歯科）

6. 歯が気になる。診てもらえば、歯が好きになる。　　（山田歯科／福島県福島市）

7. うふふっははははっわははっ　その素敵な笑顔をもっと輝かせるためじっくり腰を据えて向き合いたい。　　（おかもと歯科医院／大阪府吹田市）

8. 絶対に歯を残す　その強い想いから、全てが始まる。　　（ホワイトエッセンス御茶ノ水デンタルクリニック）

9. はにゃらびで、はちゅおんが、かわりましゅ。　　（大阪府歯科医師会）

10. 歯歯歯歯歯歯歯歯歯歯歯歯歯歯歯歯歯歯歯歯歯歯歯歯歯歯歯菌歯　知らない間に「菌」は潜んでいる。　　（第56回宣伝会議賞シルバー・協賛企業賞 トクヤマデンタル）

11. ずっと、おいしく、いただきます。　　（サンプル自作）

12. 歯を気にしないって、幸せだ。　　（サンプル自作）

こんな言葉もおすすめ！

・笑顔	・健康	・スマイル	・楽しい
・印象	・毎日	・キレイ	・痛みのない
・口元	・暮らし	・パートナー	・寄り添う
・自信	・丁寧	・美しい	・守る
・安心	・腕	・白い	・輝く
・生涯	・お手入れ	・優しい	

解説

予防歯科の重要性に気づかされるキャッチコピーです。歯が痛くなってから来る患者様を、痛くなる前に来る患者様に変えていくような表現です。

「痛みが少なく」「歯を削らない」という具体的な安心材料を伝えることで、歯医者が苦手な患者様に刺さりやすいキャッチコピーになっています。

なぜ歯医者をしているのか、どういった想いで治療をしているのかがストレートに伝わってきます。「笑顔」はよく使われる言葉ですが、このキャッチコピーは短い分、本気度が伝わってきます。

「10年後」と具体的に数字を出すことでインパクトを持たせながら、将来のことまで見据えた治療を行ってくれる安心感を覚えるキャッチコピーです。

どんな歯の悩みでも「ここならもしかしたら」と希望を見い出せるような、力強いキャッチコピーになっています。

少し歯の調子がよくないけど、歯医者に行こうか迷っている人に刺さりそうなキャッチコピーです。「きになる」と語尾を合わせることでインパクトを持たせています。

「うふふっははっわははっ」とオノマトペを取り入れることで、健康的な歯で笑って暮らせる幸せがリアルに感じ取れるキャッチコピーになっています。

どういう信念をもって歯の治療を行っているのかが一目瞭然で伝わってくるキャッチコピーです。「絶対に」や「強い想い」という言葉で、歯科医の覚悟や決意が感じられます。

歯並びが悪いと滑舌にまで影響してくるという事実を「にゃ」「ちゅ」「しゅ」と言い換えることでユニークに表現できています。

「歯」の中に「菌」を混ぜることで、知らぬ前に虫歯が進行する怖さをユニークに伝えられています。実際の歯の数と合わせて表現していて、細かい部分まで工夫が感じられます。

ずっとおいしく食事を楽しみたいと思っている人に歯の重要性を伝えたキャッチコピーです。食事をずっと楽しんでいきたい人に歯医者に通おうと思ってもらえる表現を意識しました。

ずっと気になっている歯の悩みがなくなる気持ちよさを伝えたキャッチコピーです。治療だけではなく、歯のメンテナンスにも興味を持たせるように表現しました。

07
Industry

美容医療

不安を和らげ、相手の希望を叶える表現を。

　多様性が尊重される今の時代において、クリニック側の美の価値観を顧客に押し付けるのではなく、顧客が求める美を叶えていくというスタンスを意識すると、より共感されやすいキャッチコピーになります。また、治療の不安を和らげ「これなら私でもできるかも」とハードルを下げるような表現も効果的です。また、独自の技術や治療の効果の違いなどを意識すると、他のクリニックと比較検討される際に埋もれにくくなります。

キャッチコピー例

1 **過去は変えられない。でも、未来は変えられる。**
（東京美容外科）

2 **とことん真面目に、美容医療。**
（聖心美容クリニック）

3 **私なんて。私なんて。私なんて。私なんて。
そんな口癖、さようなら。**
（聖心美容クリニック）

4 **"美しい" をもっと気軽に。**
（大塚美容形成外科・歯科）

5 **「若さ」「快活さ」「美しさ」を
病院らしくないクリニックで**
（にしたんクリニック）

6 **「医療事故0」の信頼と実績**
（美容外科新宿中央クリニック）

7 **自然で飾らない美しさ**
（岡村記念クリニック ジャスミン）

8 **なりたい自分に、なる。**
（牧野皮膚科形成外科内科医院）

9 **きのうの悩みを、あしたの笑顔に。**
（高須クリニック）

10 **男の美容医療をもっと身近に**
（湘南美容クリニック）

11 **わたしは、変わりたい。**
（サンプル自作）

12 **はじめて鏡が好きになる。**
（サンプル自作）

こんな言葉もおすすめ！

- 自然
- 笑顔
- 理想
- 健康
- 自分
- 人生

- 毎日
- 自信
- 信頼
- 技術
- 魅力
- 安心

- 手軽
- 美貌
- 目立たない
- 新しい
- 自分らしい
- 美しい

- きれい
- ワンランク上の
- 自分史上最高
- 明るい
- 輝く
- 好き

解説

「過去」と「未来」、「変えられない」と「変えられる」で分かりやすく対比させることで、より希望を抱かせるようなキャッチコピーになっています。

対句

「とことん真面目」という言葉で、真摯にお客様と向き合い安心できる治療が行えることを期待させるキャッチコピーです。

「私なんて」という言葉を繰り返すことでインパクトを残しつつ、自分にコンプレックスを強く感じている人に共感を覚えてもらえそうなキャッチコピーです。

挨拶表現
リフレイン

メスを使わずに施術時間10分から行えるクリニックの特徴を「気軽に」という言葉に集約させることで、手術のハードルを下げるようなキャッチコピーになっています。

「若さ」「快活さ」「美しさ」という言葉を並べることで、施術後の変化を分かりやすく伝えながらも、「病院らしくない」という言葉で安心できる空間まで表現できています。

「医療事故0」という分かりやすいファクトで安心感が伝わってくるキャッチコピーです。安心できる技術を証明するような事実を伝えるだけでもキャッチコピーになります。

数字

「自然で飾らない」という言葉で、違和感のない美容整形が行えることを期待させるキャッチコピーです。整形したことに気づかれたくない方に刺さりそうです。

お客様目線からの言葉にすることで共感を抱かせつつ、「なる」と強く言い切ることでお客様の背中を押すようなトーンで表現できています。

「きのう」と「あした」、「悩み」と「笑顔」で対比させることで、治療後の変化を分かりやすく伝えられているキャッチコピーです。

対句

男性向けの美容医療のハードルを下げているキャッチコピーです。「もっと身近に」は様々な分野で使われている便利なワードです。

お客様目線での意志を表現することで、手術をしようか悩んでいる人の背中を押すようなキャッチコピーを狙って制作しました。

今まで自分の姿を見るのが好きではなかった人の変化を伝えることで、美容医療の価値を表現したキャッチコピーです。

精神科・心療内科

患者様の不安に寄り添うようなメッセージで。

「こんな悩みで病院に通っていいのかな？」「精神科って少し怖そう」という患者様の不安に寄り添い、「ここなら、ちゃんと悩みを話せそう」「しっかり自分のことを診てくれそう」と思っていただけるような安心感のあるキャッチコピーが大切です。「あなたの辛さを分かっている人がいる」といった患者様に寄り添うような言葉で、読むだけでホッとしてくるようなキャッチコピーを目指しましょう。

キャッチコピー例

1　「こんなことで受診しても大丈夫かな？」
（早稲田メンタルクリニック）

2　『本来の自分を取り戻し、皆様のお役に立てる医療』を目指しています。
（龍ケ崎大徳ヘルシークリニック）

3　ここは、心が疲れた人が休む場所です
（ゆいメンタルクリニック／香川県高松市）

4　陽の光と緑があふれる全病棟
（聖ルチア病院）

5　ルチアは"光"、あなたの心の道しるべ
（聖ルチア病院）

6　うつになってみないと、このしんどさはわかりません（ある患者様の言葉）
（かわしげクリニック）

7　身体だけではなく、こころまで健康に
（うえのクリニック／京都府田辺市）

8　正しい診断から、正しい治療がはじまります。
（石田メンタルクリニック／大阪府堺市）

9　あなたのこころは元気ですか？
（福島県精神保健福祉センター）

10　やりたいことのできる自分に戻るお手伝い
（こころの総合診療室　Canal勾当台）

11　こころを、診まもる。
（サンプル自作）

12　さぁ、人生こころから。
（サンプル自作）

こんな言葉もおすすめ！

・心身	・重荷	・心地いい	・無理をする
・傷	・早期	・バランス	・整える
・感情	・糸口	・メンタルヘルス	・守る
・不調	・安心	・プライバシー	・ほどく
・不安	・日常	・抱える	・耳を傾ける
・悩み	・癒やし	・我慢する	・自分を取り戻す

解説

メンタルクリニックを受けてみようか悩んでいる人の気持ちを代弁することで安心感を持たせ、メンタルクリニックに通うハードルを低くしているキャッチコピーです。

「本来の自分を取り戻し」という言葉で、今の自分の状態を改善したくなるようなキャッチコピーです。いつもの自分に戻れることを期待させてくれます。

心身が疲れた人がメンタルクリニックに通いたくなってくるようなキャッチコピーです。メンタルクリニック自体が心のオアシスのように感じられます。

少し閉鎖的な印象もあるメンタルクリニックのイメージを明るくさせるようなキャッチコピーです。診療環境に強みがあるクリニックの参考にもなりそうです。

病院名の由来を伝えることで、院の想いを表現しているキャッチコピーです。院名からキャッチコピーに落とし込んでいく方法も効果的です。

周りの人になかなか分かってもらえない心の病気について患者様目線から表現することで、その辛さをちゃんと分かっている人がいることを期待させ、安心感を抱かせやすくなります。

内科・消化器内科・心療内科を兼ね備えたクリニックの特徴を「身体だけではなく、こころまで」という言葉に落とし込んで、院の価値を伝えられています。

他のクリニックで納得いかない診断をされた患者様に刺さりそうなキャッチコピーです。「ここならきっとちゃんと診てもらえる」と期待させるような表現になっています。

「うつ病・自殺予防パンフレット」のキャッチコピーです。問いかけ型にすることで、心の不調に気づかせるような表現になっています。

病気や症状を改善させるだけではなく、「やりたいことのできる自分に戻る」と、その先にある患者様の豊かな暮らしまでサポートしていく姿勢が伝わってきます。

「見まもる」ではなく「診まもる」とすることで、患者様の心にしっかり寄り添うだけではなく、プロの診療で症状をしっかり改善していく信頼感を表現しました。 漢字変換

心の病気を治していくことで人生まで変わっていくことを期待させるキャッチコピーを狙って制作しました。メンタルクリニックからいい人生が始まっていくことを期待させるように表現しました。

動物病院

飼い主様の不安に寄り添った表現を。

「ここなら、大切な家族を預けられそう」「ちゃんと丁寧に診てくれそう」「こちらの気持ちを分かってくれている」と飼い主様に信頼感と安心感を与えるようなキャッチコピーを意識しましょう。その上で「エキゾチックアニマルまで診療できる」「高度治療が行える」「トリミングなどトータルサポートが行える」といった各動物病院の独自の強みを取り入れると差別化できます。

キャッチコピー例

1 **大切な家族の健康を守ります** （さくら動物病院／茨城県鹿嶋市）

2 **ペットにも飼い主様にもやさしい医療を目指しています** （チカワ動物病院）

3 **ペットのために何かできるかな** （北総どうぶつ病院）

4 **プラスαの選択肢を提案できる動物病院** （ぴゃん動物病院）

5 **トータルペットケアでいつまでも元気に、いつまでも可愛く** （マインズ動物病院 モンファミィ）

6 **それは、「常在菌から診る」あたらしい動物病院。** （KINS WITH 動物病院）

7 **言葉が話せないからこそ…早く気付いてあげたい** （ガリレオ動物病院）

8 **どんなときもボクに元気をくれる。だからキミにもずっと元気でいてほしい。** （尾石動物病院）

9 **ちゃんと、きちんと、ゆったりと** （あおねこ動物病院）

10 **いつもそばに。サササと行ける、ボクらの町のお医者さん。** （ささづか動物病院）

11 **大切な家族を、任せられる人がいる。** （サンプル自作）

12 **「おや？」と思ったら動物病院へ。** （サンプル自作）

こんな言葉もおすすめ！

・家族	・丁寧	・かかりつけ医	・かわいい
・安心	・身体	・高度医療	・優しい
・日常	・健康	・命	・大切な
・毎日	・元気	・絆	・負担のない
・暮らし	・幸せ	・寄り添う	・守る
・最善	・長生き	・見守る	・愛する

解説

「ペット」ではなく「家族」と表現することで「ここなら大切に診てもらえそう」と飼い主様に安心感を抱いてもらえるようなキャッチコピーです。

「やさしい医療」という言葉で、ペットに負担をかけないように対処してくれるという安心感が伝わり、飼い主様の不安も取り除いてくれるような表現です。

「何かできるかな」という言葉で、飼い主様と一緒にペットの健康を第一に考えてくれる院の姿勢が伝わってきます。

「プラスαの選択肢」という言葉で、通常の診療だけではなく、ペットの健康を考えたさらなる提案まで期待させてくれるキャッチコピーです。

ペットサロンが併設された動物病院の特徴を「トータルペットケア」という言葉にして独自の強みを伝えられています。「いつまでも」という言葉で、ずっとペットの健康に寄り添っていく院の姿勢も感じられます。

「常在菌から診る」という具体的な院の特徴を伝えることで、常在菌について興味を抱かせつつ、他の動物病院よりも踏み込んだアプローチでケアできることが伝わってきます。

ペットは自分の症状を飼い主様に伝えられないからこそ、小さな症状のように見えても動物病院でしっかり診てもらいたくなるようなキャッチコピーになっています。

飼い主様とペットの絆を描くことで、よりペットを大切にしたくなるようなキャッチコピーです。愛するペットのために動物病院に通いたくなる表現になっています。

「ちゃんと」「きちんと」という言葉で確かな治療を、「ゆったりと」という言葉で安心できる院内の空間がイメージできるキャッチコピーです。韻を踏むことで印象深くしています。

「サササと行ける」という言葉で、気軽に病院に通える安心感をオノマトペで伝えられているキャッチコピーです。また「サササ」と「ささづか」の院名を合わせてうまく表現できています。

飼い主様目線から信頼できる先生を表現しつつ、病院の治療技術を期待できるようなキャッチコピーを狙って制作しました。

いつもとちょっと違うペットの様子に違和感を覚えている飼い主様が、動物病院に相談したくなるようなキャッチコピーを狙って制作しました。

カフェ

「コーヒーを飲む場所」以上の価値を。

ドリンクや料理、お店の雰囲気を写真で見せるだけではなく、コーヒーにはどのようなこだわりがあるのか、お店自体のコンセプトは何か、店名にはどのような想いが込められているのかなどのメッセージもしっかり伝えていくことで、カフェに行く前から期待感を抱いてもらいやすくなります。また、ビジネスパーソン向けなのか、家族向けなのか、ターゲット層もある程度絞っていくことで、より具体的なメッセージになっていきます。

キャッチコピー例

1 ドトール、のち、はれやか。 （ドトールコーヒーショップ）

2 がんばる人の、がんばらない時間。 （ドトールコーヒーショップ）

3 サードプレイス （スターバックス コーヒージャパン）

4 心にもっとくつろぎを （コメダ珈琲店）

5 くつろぎのひとときと、心からのおもてなし （銀座ルノアール）

6 ちょうどいい一杯 （カフェ・ド・クリエ）

7 人生がほんのちょっと（10°）変わる
きっかけが見つかるお店 （10° CAFE）

8 本当のおいしさ、優しいひととき （スラッシュカフェ 八芳園）

9 彩り豊かなフォトジェニックカフェ （アンバスカフェ）

10 笑顔は、コーヒーのそばにある （アフィントンパフェ）

11 あたりまえの1日に、ありがたい1杯を。 （サンプル自作）

12 コーヒーの香りから、おもてなし。 （サンプル自作）

こんな言葉もおすすめ！

- 一杯
- 一息
- 時間
- 空間
- 笑顔
- 幸せ

- 絶妙
- 贅沢
- 最高
- 上質
- 香り
- こだわり

- お気に入り
- ブレンド
- リラックス
- リフレッシュ
- くつろぎ
- ひととき

- 癒やし
- おいしい
- おしゃれ
- 優雅な

解説

お店に入った後の気持ちの変化が分かりやすく伝わってきます。「○○、のち、□□」という型は他の分野のキャッチコピーでもよく使われています。

忙しい時でもドトールに入ることでホッと一息つける安心感が伝わってくるキャッチコピーです。「がんばる」「がんばらない」と反対語を一文に入れることでインパクトを持たせています。　**反対語**

自宅でも職場でもない「第三の空間」としてスターバックスの価値を示しているキャッチコピー（コンセプト）です。お客様にとってどういう場所でありたいかが端的に伝わってきます。

「くつろぎ」へのこだわりが伝わってくるキャッチコピーです。お客様向けだけではなく、お店のスローガンとしても機能しています。

「心からのおもてなし」という言葉で、スタッフの接客やサービス品質についても期待させるようなキャッチコピーです。

「ちょうどいい」という言葉で、ちょっとした休憩や待ち時間にも都合よく利用できるという自分の状況にピッタリな一杯があるお店の価値が伝わってきます。

「10°」という店名の意味を伝えることで、お店のコンセプトやこだわりが伝わるオリジナリティのあるキャッチコピーになっています。　**数字**

「本当のおいしさ」という言葉でカフェや料理の質の高さを、「優しいひととき」という言葉で店内の空間の心地よさが伝わってきます。

「フォトジェニック」という言葉で、写真を撮ってシェアしたくなるほどのワクワクする体験ができることが伝わってきます。

おいしいコーヒーを飲んだ後の笑顔がイメージできるキャッチコピーです。「○○は、□□にある」という型は、キャッチコピーでよく使われます。

どんな1日であっても、おいしいコーヒーがあればいい1日に変わっていくというカフェの価値を感じさせるように伝えたキャッチコピーです。　**対句**

カフェの入り口を開けた瞬間の、コーヒーのいい匂いを感じさせるように表現したキャッチコピーです。

寿司屋

寿司のおいしさを「どう」伝えるか。

　寿司屋のキャッチコピーでは、「どう」おいしさを伝えていくかがポイントになって
いきます。ネタの産地にこだわっているのか、ネタの鮮度にこだわっているのか、職人
の技術に期待してもらいたいのか、お店の具体的なこだわりを伝えることで、「おいしい」
に説得力が出てきます。また、ファミリー向けなのか、アッパー層向けなのか、ターゲッ
トに合わせて言葉のトーンを変えていくことを心掛けていきましょう。

キャッチコピー例

1 うまいすしを、腹一杯。うまいすしで、心も一杯。
（スシロー）

2 濱のおいしさ、そのままに。
（はま寿司）

3 旬のネタが、舞い踊る
（仙令鮨・魚河岸処 仙・割烹 仙令鮨）

4 さあ、おいしい舞台へ
（すし銚子丸）

5 北のこだわりを、一皿に込めて。
（回転寿し トリトン）

6 寿を司る
（金沢まいもん寿司）

7 東北の海を、握っています
（仙令鮨）

8 旬のうまい！を全国の漁場から。
（回転寿司みさき）

9 職人による本物の味を身近に
（寿し常）

10 旨い 大きい 安いに、こだわっています。
（うを勢総本店／兵庫県神戸市）

11 いま、取ってきた？
（サンプル自作）

12 それでは、活きのいい1日を。
（サンプル自作）

こんな言葉もおすすめ！

・元気	・腕利き	・満足	・ボリューム
・笑顔	・厳選	・真心	・旨い
・旬	・一貫	・仕込み	・活きのいい
・職人	・至福	・海の幸	・大きい
・伝統	・新鮮	・おもてなし	・握る
・日本	・本格	・ネタ	・心を込める

解説

「腹一杯」という言葉でリーズナブルでたくさんおいしい寿司を食べられる幸福感を、「心も一杯」という言葉で食べ終えた後の満足感を、韻を踏みながら伝えられています。　韻　対句

「濱のおいしさ」という言葉で、海の幸が味わえる幸福感が伝わってくるキャッチコピーです。「はま寿司」の店名とも合わせて表現できています。

新鮮な素材を使ったおいしさだけではなく、「舞い踊る」という言葉でお店の楽しさまで伝わってくるキャッチコピーです。「ネタが、舞い踊る」と擬人法を使うことで表現にインパクトが出ています。　擬人法

「おいしい舞台」という言葉で、お店においしい魚が集まってきているワクワク感や、おいしい体験ができる場所というお店の価値まで伝わってきます。

「北のこだわり」という言葉で北海道産の魚のおいしさが、「一皿に込めて」という言葉で職人の一皿一皿にかけるこだわりが伝わってきます。　数字

「確かに寿司ってそういう意味だ」と寿司の本質的な価値に気づかされるようなキャッチコピーになっています。職人の技術を感じさせる表現です。

東北の海の恵みをそのまま握っているという、ネタの鮮度の良さやおいしさを感じられるキャッチコピーです。　飛躍目的語

「うまい！」というセリフを取り入れることで、旬のネタを味わう感動まで伝わってくるようなキャッチコピーになっています。

「本物」という言葉で寿司のおいしさを「身近」という言葉でリーズナブルな価格がイメージできるキャッチコピーで、お店のコンセプトが伝わってきます。

「旨い 大きい 安い」とお店の強みを韻を踏んで表現することで印象深くしているキャッチコピーです。特徴が複数ある時は、リズミカルに表現できないか考えるのも1つの手です。　韻

お客様のセリフから、鮮度の良さを表現したキャッチコピーです。お店目線ではなくお客様目線から考えることで新しい表現が生まれやすくなります。

「それでは、いい1日を」というようなトーンで表現したキャッチコピーです。鮮度のいい寿司でその日まで活気づいてくることを感じさせるように表現しました。　挨拶表現

パン屋

どういうパン屋を目指しているのかを考える。

　高級食パン専門店もブームになったように、コンビニやスーパーでは味わえないパンへのこだわりを感じさせるブランディングがパン屋では大切になっていきます。また、お客様や地域の方にとってどういうパン屋でありたいのかを考えていくことで、おいしさ以上の想いを感じさせ、差別化がしやすくなります。

キャッチコピー例

1　絵本のような街のパン屋さん　(ふぁんぱん)

2　この街で、焼きたてをずっと。　(クラウンベーカリー)

3　「おいしいパン」は、たくさんある。「おちつくパン」ってそんなにない。　(クラウンベーカリー)

4　ありえないふわふわ感　(浅草花月堂「ジャンボめろんぱん」)

5　初めて焼きたてパンに出会った時の感動を　(ブーランジェリーボヌール)

6　近所にあるいつものパン屋　(オパン)

7　パン以上、ケーキ未満。　(パン以上、ケーキ未満。)

8　パンの香りで、おもてなし。　(石窯パン工房ばーすでい)

9　しあわせ、焼き上がりました。　(石窯パン工房ばーすでい)

10　石窯で、パンはここまで美味しくなる。　(石窯パン工房ばーすでい)

11　新しいパンがある。それだけでワクワクする。　(サンプル自作)

12　笑顔が、パンとはじける。　(サンプル自作)

こんな言葉もおすすめ！

- 食感
- 無添加
- 酵母
- 熟成
- 香り
- 風味

- 天然
- 地域
- 職人
- 笑顔
- 贅沢
- 本格

- 手作り
- 自家製
- 焼き立て
- 作り立て
- 豊富な
- ふわふわ

- ふんわり
- もっちり
- おいしい
- 優しい
- 心温まる

解説

親しみやすいお店の空間を「絵本」と例えることで特別感を演出しているキャッチコピーです。子どものようにワクワクして楽しめるパン屋というのが伝わってきます。

「焼きたて」というパンのおいしさだけではなく、ずっと地元の人から愛されるお店でありたいというお店の想いまで伝わってきます。

「『おいしいパン』はたくさんある」と「『おちつくパン』ってそんなにない」を対句にすることで「おちつくパン」というクラウンベーカリー独自の価値を伝えられているキャッチコピーです。

「ありえない」という言葉で「ふわふわ感」を強調させているキャッチコピーです。どんな食感なのか試してみたくなるように表現できています。

ただの焼きたてではなく「初めて焼きたてパンに出会った時」と具体的に表現することで、よりおいしさを思い起こさせるようなキャッチコピーです。

「近所」「いつもの」という言葉で、地元から愛されているお店の存在感や、安心できるおいしさまで伝わってくるキャッチコピーです。

まるでケーキのようにご褒美になるパンが味わえることを期待させるキャッチコピーです。キャッチコピーがそのまま店名にもなっているところもインパクトがあります。

パン屋に入った瞬間のパンのいい香りが広がってくる幸せが感じられるキャッチコピーです。「おもてなし」という言葉でサービス品質も伝わってきます。

「焼き立て」ではなく「焼き上がりました」と伝えることでパン屋にいるような気分になり、焼き立てパンのワクワク感がリアルに伝わってくるキャッチコピーです。

石窯で焼いたパンに興味を抱かせるようなキャッチコピーです。スーパーやコンビニのパンにはない特別なおいしさを期待させています。

パンの種類の多さを、お客様の感動に言い換えたキャッチコピーです。パンを買うだけの場所ではなく、新しいパンと出会う場所として表現しました。

おいしいパンを食べた瞬間のはじける笑顔を、「パン」というオノマトペと合わせて表現したキャッチコピーです。

冷凍食品

「調理が簡単なのに〇〇」を考える。

　販促向けのキャッチコピーの場合は、調理方法の手軽さを伝えるだけでは他社商品と差別化しづらいので、「調理が簡単なのに〇〇」の「〇〇」の部分は何か、その冷凍食品の新しい特徴について考えることでオリジナリティのあるキャッチコピーが生まれてきます。ブランディング向けのキャッチコピーの場合は、「忙しい人に寄り添う」というような冷凍食品の特徴をお客様へのメッセージとして言い換えることで、より響く表現になっていきます。

キャッチコピー例

1 ひっくりかえしてみてごらん
ちょっとのことで世界は変わる （味の素冷凍食品「ギョーザ」）

2 フレフレ！フレッシュ！ （味の素冷凍食品）

3 べんりとおいしいのその先へ 冷凍食品 （日本冷凍食品協会）

4 −18℃の熱い思いを、
次の100年の食の未来へ。 （ニチレイフーズ）

5 冷凍で食を豊かに （ニチレイフーズ「ほほえみごはん」）

6 お水がいらない （キンレイ「『お水がいらない』シリーズ」）

7 毎日の食卓にワンランク上の幸せを （ピカール）

8 つながる、幸。 （マルハニチロ）

9 食いたいその時、そのまんま。 （マルハニチロ「WILDish」）

10 未体験の「おいしい」が、あっという間に。
（NEXT MEATS「NEXT EATS」）

11 しあわせは、解凍できる。 （サンプル自作）

12 冷凍は、温かいエールだ。 （サンプル自作）

こんな言葉もおすすめ！

- ・再現
- ・本格
- ・感動
- ・新鮮
- ・素材
- ・食卓

- ・一品
- ・時短
- ・発明
- ・便利
- ・レシピ
- ・レパートリー

- ・手軽に
- ・簡単に
- ・すぐに
- ・おうち
- ・あっという間
- ・手間なし

- ・できたて
- ・おいしい
- ・〜だけで
- ・閉じ込める
- ・解凍する

解説

フライパンからお皿へひっくり返して作る冷凍餃子のCMで使われたキャッチコピー。おいしい餃子が出来上がるまでのワクワク感を「ひっくり返すことで世界は変わる」と人生の名言のようなトーンで表現しています。

毎日がんばる人へ新鮮な冷凍食品でエールを送っているようなキャッチコピー。「フレ」と「フレッシュ」を合わせることでリズミカルに表現できています。

「べんりとおいしい」という言葉で冷凍食品の価値を、「その先」という言葉で冷凍食品の進化を感じさせるキャッチコピーです。

冷凍食品にかけるニチレイフーズの熱い想いが温度を示すことでより具体的に伝わってくるキャッチコピーです。「-18℃」と「熱い」を合わせることでインパクトを持たせています。

「食を豊かに」という言葉で、食卓を冷凍食品で充実させていくイメージができるキャッチコピーです。冷凍食品の価値について気づかされる表現です。

「お水がいらない」という言葉で、調理の手間が省ける便利さが分かりやすく伝わってきます。調理手段に革新性があれば、それをストレートに伝えるだけでも効果的です。

「ワンランク上」という言葉で、フランス料理の冷凍食品ならではの贅沢感とおいしさへのこだわりが伝わってくるキャッチコピーです。

「山の幸」「海の幸」という言葉のトーンで「つながる、幸」と伝えることで、食材のおいしさや生産者の想いを冷凍食品という形でつなげていることが感じられます。

袋をお皿のようにしてそのまま冷凍食品が食べられる商品の特徴を、ワイルドなトーンで分かりやすく伝えられています。

「未体験」という言葉で、まだ試したことがない代替肉を使った冷凍食品に期待を抱かせるようなキャッチコピーになっています。

食品ではなく、しあわせを解凍すると言うことで、冷凍食品の価値の大きさを感じさせるように表現しました。

忙しい人に寄り添う冷凍食品の価値を「温かいエール」と言い換え、「冷凍」という言葉と併せて使うことでインパクトを持たせて表現しました。

お菓子

どういう気分にさせるのか。

「爽快な気分にさせる」「ご褒美感を味わえる」「みんなでワイワイ楽しめる」など、そのお菓子がどういう気分や価値を提供しているのかを考えましょう。また、お菓子の特徴（素材・食感・製法）まで含めることで、そのお菓子ならではのキャッチコピーになっていきます。食感はオノマトペを取り入れると効果的に表現しやすくなります。

キャッチコピー例

1 お口の恋人　　　　　　　　　　　　　　　　　　　　　（ロッテ）

2 さ、前をミルキー！　　　　　　　　　　　　　（不二家「ミルキー」）

3 世の中、いやされすぎて、ちょうどいい。
　　　　　　　　　　　　　　　　　　　　　　　　（不二家「ミルキー」）

4 やめられない、とまらない！　　　　　（カルビー「かっぱえびせん」）

5 こころ晴れる、甘ずっぱさ。　　　　　　　（カンロ「ピュレグミ」）

6 迷ったら、ハズむほう。　　　　　（ブルボン「フェットチーネグミ」）

7 芋の旨みと神業食感　　　　　　（湖池屋「湖池屋プライドポテト」）

8 雪のようなくちどけ…　　　　　　　　　　　（明治「Meltykiss」）

9 ふわっ、ヒヤッ、じゅわー　　　（コメダ珈琲店「コメダ名物 かき氷」）

10 休憩しよう 爽しよう♪　　　　　　　　　　　　　（ロッテ「爽」）

11 シンプルなのに、ここまで美味しい。　　　　　（サンプル自作）

12 気分が、サクッと、変わっていく。　　　　　　（サンプル自作）

こんな言葉もおすすめ！

- ・食感
- ・濃厚
- ・風味
- ・味わい
- ・至福
- ・誘惑

- ・癒やし
- ・気分
- ・休憩
- ・爽快
- ・ご褒美
- ・製法

- ・やみつき
- ・くちどけ
- ・コク
- ・クセになる
- ・リフレッシュ
- ・ふわふわ

- ・とろーり
- ・しっとり
- ・サクサク
- ・パリパリ

解説

ロッテとお客様の関係性を「お口の恋人」と例えて表現しているキャッチコピーです。ロッテのお菓子の甘えたくなるような存在感がイメージできます。

ちょっと元気が足りない時に、ミルキーで明るく気分を変えていけるようなイメージができるキャッチコピーです。子ども向けのお菓子のイメージがあるミルキーを刷新しているような表現です。

ちょっと疲れた時にミルキーに甘えたくなるようなキャッチコピーです。「いやされすぎて、ちょうどいい。」という言葉で、大人がミルキーを買うハードルを下げています。

一度食べたら手が止まらなくなるほどのクセになるおいしさを伝えられているキャッチコピーです。韻を踏むことでより印象深い表現になっています。

「甘ずっぱさ」という言葉で具体的な味を伝えつつ、「こころ晴れる」という言葉でどう気分を変えてくれるのかまで分かりやすく伝えられているキャッチコピーです。

「ハズむ」という言葉で、フェットチーネグミの食感の楽しさや食後の気分を表現できています。どのグミにしようか悩んでいる人にも刺さりそうなキャッチコピーです。

おいしさと食感を「芋の旨み」「神業食感」と分かりやすく伝えられているキャッチコピーです。「プライドポテト」のこだわりが伝わってきます。

「雪のような」という言葉で、とろけるチョコの食感をイメージさせつつ、冬の風物詩としてもPRできているキャッチコピーです。

オノマトペだけを並べることでインパクトのある表現になっています。かき氷のシズル感をうまく表現できています。

「休憩する時は爽を食べよう」というメッセージをリズミカルに表現しているキャッチコピーです。「そう」と「爽」を合わせることで、より印象深く訴求できています。

実際に食べた人の感想のようなトーンで、驚きのあるおいしさを期待させるように表現したキャッチコピーです。

「サクッ」という言葉でお菓子の食感を伝えつつ、気分転換にぴったりのお菓子であることも伝えているキャッチコピーです。

サプリメント・健康食品

薬機法に注意して、どう変わるかを伝える。

　「健康」「元気」といった言葉を使いたくなる健康食品のキャッチコピーですが、「どう健康にさせるのか」「どう元気になるのか」という一歩商品に踏み込んだ言葉で制作していくことが大切です。商品名と合わせたり、効果を間接的に感じさせる表現を意識するとより具体的になっていきます。ただ効果を直接的に約束する表現ですと、薬機法という法律に抵触するリスクがあるので注意が必要です。

キャッチコピー例

1 若さたっぷり ワカサプリ 　（分子生理化学研究所「ワカサプリ」）

2 生きるチカラ、育てよう。 　（アサヒグループ食品「ディアナチュラ」）

3 それは、小さな栄養士。 　（大塚製薬「カロリーメイト」）

4 気分すっきり センイちゃっかり 　（大塚製薬「ファイブミニ」）

5 努力か、才能か、いや体調だ。 　（大塚製薬「ボディメンテ」）

6 濃く美しい緑は生命力の証 　（えがお「えがおの青汁満菜」）

7 しあわせ、ふさり。 　（エポラ「FUSARI」）

8 キレイの力を持ち歩こう！ 　（ドール「Dole Smoothie」）

9 内側から潤うキレイの新習慣 　（正官庄「紅蔘の美健力」）

10 トレーニング後はみんなに、ザバスチャンス!! 　（明治「ザバス MILK PROTEIN」）

11 足りない栄養は、ここにある。 　（サンプル自作）

12 緑黄色野菜、いいところ摂り。 　（サンプル自作）

こんな言葉もおすすめ！

・理想	・栄養	・体調管理	・サポート
・簡単	・成分	・〜活	・美しく
・自然	・毎日	・〜力	・自分らしい
・身体	・習慣	・恵み	・おいしい
・内側	・味方	・中から	・優しい
・豊富	・補給	・スッキリ	

解説

「若さ」という言葉で若いころの元気が蘇ってくるイメージだけではなく、「ワカサプリ」という商品名まで覚えられるキャッチコピーです。

「健康」ではなく「生きるチカラ」と言うことで、身体のことだけではなく、これからの人生に必要なものが得られるようなイメージができるキャッチコピーです。「育てよう」という言葉で、毎日飲み続ける楽しさが感じられます。

カロリーメイトを「栄養士」とチャーミングに例えている、愛着の湧くキャッチコピーです。たとえは表現をジャンプさせるのに効果的なテクニックです。 **たとえ**

気分転換できるだけではなく、健康に役立つ食物繊維も摂れるうれしさを「すっきり」「ちゃっかり」と韻を踏みながら表現できているキャッチコピーです。

体調管理も仕事のパフォーマンスを上げるための大切な要素であることを、「努力」と「才能」を引き合いに出すことで分かりやすく示しているキャッチコピーです。

「濃く美しい緑」という言葉で18種類の健康グリーン素材を使用している商品特徴を示しつつ、「生命力」という言葉で元気がみなぎってくるイメージを持たせています。

「FUSARI」という商品名と合わせて伝えることで商品名を記憶に残しながら、髪に対する効果を感じさせるように表現できています。 **オノマトペ**

ペットボトルのスムージー飲料のキャッチコピーです。「持ち歩こう！」という言葉で携帯のしやすさを示しつつ、「力」という言葉で確かな効果を感じさせるように表現できています。

「内側から」という言葉でサプリならではの効果を感じさせつつ、「新習慣」という言葉で飲み続ける楽しさを表現できています。

この商品を飲むシーンを分かりやすく示しながら、「チャンス」という言葉でプロテインを飲む習慣の楽しさまで表現できています。

成分や栄養素に着目させるようなキャッチコピーを狙って制作しました。成分に強みがある商品は、それを押し出していくのも1つの手です。

健康的な食材が詰まっているサプリなどを想定したキャッチコピーです。「いいところ摂り」という言葉で成分の贅沢感を表現しています。

ギフト

ギフトを贈る楽しさを考える。

　お中元やお歳暮、母の日父の日、バレンタインデーなどのキャッチコピーにおいて、商品そのものの魅力を伝えるだけではなく、その商品がなぜギフトとして最適なのかまで考えていくと、より説得力のあるキャッチコピーになっていきます。また、ギフトを贈る楽しさそのものを共感できる表現で伝えることも効果的です。

キャッチコピー例

1 ふと、ギフト。パルコ　　　　　　　　　　　　　　　（パルコ）

2 好きだから、あげる。　　　　　　　　　　　　　（丸井グループ）

3 お父さんを、グッとさせる日　　　　（三越伊勢丹ホールディングス）

4 話そうよ、母の日に。　　　　　　　　　　　　　　　（ユニクロ）

5 人間共通、もらうとうれしい。　　　　　　　　　（そごう・西武）

6 あげると、あがるね。　　　　　　　　　　　　　（そごう・西武）

7 からだ想いギフト　　　　　　　　　　　　　　（イオンリテール）

8 贈りたいのは、元気です。　　　　　　　　　　　（そごう・西武）

9 わたしにも、あげる。　　　　　　　　　　　　（ゴディバ ジャパン）

10 今年一番、お世話になった人は誰ですか？
　　　　　　　　　　　　　　　　　　　　　　　　　　　（シャディ）

11 ちゃんと、自分にも、ありがとうを。　　　　　（サンプル自作）

12 贈らないと、気になってくる。　　　　　　　　（サンプル自作）

こんな言葉もおすすめ！

・気持ち	・ありがとう	・サプライズ	・詰まった
・想い	・大切な人	・プレゼント	・あげる
・真心	・あの人	・うれしい	・贈る
・感謝	・選りすぐり	・心のこもった	・届ける
・感動	・ひととき	・特別な	・伝える
・思い出	・オリジナル	・温かい	・心に残る

解説

特別なことがなくても、気軽にギフトを贈ってみようという気持ちにさせるキャッチコピーです。韻を踏むことでギフト選びの楽しさを軽やかに伝えられています。　**韻**

礼儀やマナーとしてではなく「好きだから」という理由を強調することで、ギフトを贈るハードルを下げるようなキャッチコピーです。

「グッとさせる」という言葉で、プレゼントをもらった父親の感動が贈る側まで伝わってくるようなキャッチコピーです。　**オノマトペ**

母の日に掲載された新聞広告のキャッチコピーです。「プレゼントしようよ」ではなく「話そうよ」と母と話すきっかけとしてギフトを贈る提案をすることで、ギフトを買うハードルを下げるような表現になっています。

「人間共通」という壮大な前フリで興味を持たせ、「もらうとうれしい」という言葉でギフトを贈る価値を強調させています。

ギフトは、もらう側ではなく、あげる側まで気持ちを上げてくれるという、ギフトの体験価値に気づかせてくれるようなキャッチコピーです。

「人想い」ではなく「からだ想い」と表現することで、大切な人の身体を想って健康食品をギフトとして選びたくなるようなキャッチコピーになっています。

お中元のキャッチコピーです。「ギフトを贈りたい」ではなく「元気を贈りたい」と言うことで、贈り手に共感を抱かせる表現になっています。倒置法を使うことで、表現にインパクトを持たせられています。　**飛躍目的語**

好きな人に贈るイメージがあるバレンタインデーですが、自分のためにも贈ろうという新しい提案をすることで興味を抱かせているキャッチコピーです。

お世話になった人を思い浮かべることで、その人にギフトを贈りたくなってくるキャッチコピーです。問いかけ型にすることで興味を抱かせやすくしています。　**問いかけ**

大切な人へだけではなく、自分へのご褒美としてもギフトを買いたくなってくるようなキャッチコピーを狙って制作しました。　**挨拶表現**

お世話になった人に対して何もギフトを贈らないことに後ろめたさを感じさせるように表現したキャッチコピーです。

お茶

「そのお茶はどうおいしいのか」を掘り下げる。

　コンビニでも数多くお茶が並ぶ中で、お茶のおいしさを具体的に伝え差別化していくことが大切です。茶葉や製法、味の違いだけではなく、どういう人にどういうシーンで最適なのか、どういう気分にさせるのかなど、そのお茶ならではのこだわりや価値を掘り下げることで、解像度の高いキャッチコピーが生まれやすくなります。

キャッチコピー例

1 **急須でいれたような香りと旨み** （日本コカ・コーラ「綾鷹」）

2 **このひと手間が、うまいっ。** （日本コカ・コーラ「やかんの麦茶」）

3 **こんなに飲みやすかったっけ。** （日本コカ・コーラ「爽健美茶」）

4 **清々、堂々。** （サントリー「伊右衛門」）

5 **本物のおいしいを、茶畑から。** （伊藤園「お〜いお茶」）

6 **生って、感動する。** （キリン「生茶」）

7 **いいものたっぷり流れこむ！** （サントリー「グリーンダ・カ・ラ やさしい麦茶」）

8 **いいものいっぱい　こだわりいっぱい** （アサヒ飲料「十六茶」）

9 **緑茶の栄養をまるごと「ごくりっ」** （満天屋「食べる まるっと緑茶」）

10 **人生に、お茶の時間を。** （伊藤久右衛門）

11 **本当においしいお茶を、** **飲んだことはありますか。** （サンプル自作）

12 **それは、自然を感じる瞬間。** （サンプル自作）

こんな言葉もおすすめ！

・旨味	・自然	・癒やし	・優雅な
・甘味	・一息	・味わい	・まろやか
・風味	・時間	・コク	・ホッとする
・香り	・丁寧	・淹れたて	・ゆっくり
・緑	・抽出	・香ばしい	・染みる
・茶葉	・健康	・穏やかな	・引き立つ

解説

「急須でいれたような」と分かりやすく例えることによって、本格的なお茶のおいしさを表現できているキャッチコピーです。 たとえ

「ひと手間」という言葉で、製法へのこだわりが感じられます。また「うまいっ」と「っ」を付けることで、飲んでいる人の感動をリアルに伝えられています。

爽健美茶を飲んだことがあるターゲットに対して、味の変化を分かりやすく伝えているキャッチコピーです。リブランディングのキャッチコピーの参考にもなりそうです。

「清らかなる傑作」というサブコピーとともに使われているキャッチコピー。真正面からお茶のおいしさと向き合っている企業姿勢やお茶へのこだわりまで感じられます。

「茶畑から」という言葉でお茶の素材のおいしさまでイメージできるキャッチコピーです。また「本物」という言葉でお茶のおいしさに説得力を持たせています。

「生」という言葉に焦点を当てることで、「生茶」の価値を引き上げ、他のお茶との差別化ができているキャッチコピーです。

「いいもの」という言葉でお茶に使われる原材料の質を、「たっぷり」という言葉で容量の大きさを一気に表現できているキャッチコピーです。

「いっぱい」という言葉を繰り返して表現することで、より贅沢感が伝わってくるキャッチコピーになっています。お茶の素材の質まで期待させられます。

緑茶の栄養を余すことなく味わえる贅沢感を覚えるキャッチコピーです。「ごくりっ」というオノマトペでも印象に残ります。

何気なくお茶を飲んでいる人が、しっかり時間をとってお茶をゆっくり味わいたくなるように、お茶そのものをブランディングしているキャッチコピーです。

問いかけ型にすることで、ただのお茶ではないという自信やおいしさへのこだわりをより感じられるように表現したキャッチコピーです。

「お茶を飲むこと＝自然を体感すること」と表現することで、お茶の価値に気づかせるように表現したキャッチコピーです。

水

おいしい根拠と、飲んだ後の変化を伝える。

その水がおいしいとどう証明するか、その水を飲んだらどんな変化が起こるのかを考えると、独自性のあるキャッチコピーが出てきやすくなります。おいしい水の根拠として、産地、成分、製法などその水へのこだわりをふまえた表現を考えましょう。飲んだ後の変化としては、目が覚める、リラックスできる、爽やかになるなど、どんな気持ちになるかを考えましょう。

キャッチコピー例

1 大自然よ、ぼくたちの
ピュアな部分になってくれ。 （サントリー「サントリー天然水」）

2 信じられる水の山から （サントリー「サントリー天然水」）

3 私に気持ちいい、新しい水のカタチ。
（日本コカ・コーラ「い・ろ・は・す」）

4 未来につながる水。 （大塚食品「クリスタルガイザー」）

5 天然のCaとMgをカラダに
（伊藤園・伊藤忠ミネラルウォーターズ「エビアン」）

6 それは、清なる水。 （プレミアムウォーター）

7 この清らかさは、「黒部の氷筍水」だけのもの。
（関電不動産開発「黒部の氷筍水」）

8 自然が大切に育てた水。 （アサヒ飲料「アサヒ おいしい水 天然水」）

9 自然由来のミネラルで、
イキイキした毎日を応援。 （ダイドードリンコ「ミウ おいしい水」）

10 磨かれた天然水の澄みきったおいしさ
（伊藤園「磨かれて、澄みきった日本の水」）

11 この水は、生きている。 （サンプル自作）

12 純水な人生へ。 （サンプル自作）

こんな言葉もおすすめ！

- 栄養
- みずみずしい
- 清らかな
- 〜の恵み
- 健康
- 澄み切った
- すっきり
- リセット
- 透明
- 純粋な
- 爽やか
- リフレッシュ
- 浸透
- 自然豊かな
- 優しい
- 潤う
- 源
- 天然の
- 飲みやすい
- 湧き出る
- 気持ちいい
- クリアな
- 〜で育まれた

解説

大自然の水が、自分を純粋にさせてくれるような変化をイメージできるキャッチコピーです。商品の特徴がどう自分を変えてくれるのかを分かりやすく示しています。

「信じられる水の山」という言葉で、南アルプスなどの産地や水の品質への安心感を伝えられているキャッチコピーです。「水の山」という組み合わせも印象的です。

おいしい水の気持ちよさだけではなく、たたみやすいペットボトルの環境に配慮した商品の気持ちよさまで感じさせてくれるキャッチコピーです。

「クリスタルガイザー」と「ナショナル ジオグラフィック」のコラボ広告で使われたキャッチコピー。「未来」という言葉で、環境貢献についても感じさせます。

「Ca」「Mg」と元素記号をあえて使うことで、成分へのこだわりや品質を感じさせるように表現できています。

ウォーターサーバーのキャッチコピーです。「聖なる」ではなく「清なる」と言うことで、天然水の美しさやおいしさを上品なトーンで表現できています。　**漢字変換**

「清らかさ」という言葉で天然水のおいしさをイメージさせつつ、「だけのもの」という言葉で、この水でしか味わえないおいしさという特別感まで表現できているキャッチコピーです。

「自然が大切に育てた」と擬人法を使うことで、自然本来のおいしさがより伝わってきます。擬人法は、製造工程のこだわりを伝える時にも使えるテクニックです。　**擬人法**

「イキイキした毎日」という言葉で、繰り返し飲むことで生まれる商品の価値を表現し、リピートして水を飲んでもらえるようにしているキャッチコピーです。

「磨かれた」という言葉で製法へのこだわりを、「澄み切った」という言葉で水を飲んだ後の変化を分かりやすく伝えられています。

新鮮な水のおいしさを「生きている」と擬人法を使って表現したキャッチコピーです。他ジャンルの食品のキャッチコピーも参考にすると新しい言葉が出てきやすくなります。　**擬人法**

水のおいしさだけではなく、いい水を飲むという生き方そのものを提案したキャッチコピーです。「純粋」を「純水」と変換することでインパクトを持たせて表現しています。　**漢字変換**

ビール

商品のポジションを整理する。

その商品がビール市場においてどのポジションなのかを整理すると、打ち出すべき特徴が分かりやすくなっていきます。例えば、「爽やか（飲みやすい）」なのか「華やか（コクがある）」なのか。「高級志向（贅沢）」なのか「大衆向け（手軽）」なのか。方向性を絞って伝えることで、差別化しやすいキャッチコピーになっていきます。

キャッチコピー例

1 **最高の渇きに、DRY。** （アサヒビール「アサヒスーパードライ」）

2 **おつかれ生です。** （アサヒビール「アサヒ生ビール」）

3 **やっぱり、おいしいビールが一番です。**
（キリン「キリン一番搾り生ビール」）

4 **今日も、あなたの一番うまい！になる。** （キリン「本麒麟」）

5 **週末のごほうび、** （サントリー「ザ・プレミアム・モルツ」）

6 **丸くなるな、星になれ。** （サッポロビール「サッポロ生ビール黒ラベル」）

7 **乾杯をもっとおいしく。** （サッポロビール）

8 **沖縄のビールがうまい。** （オリオンビール「ザ・ドラフト」）

9 **喉の奥まで、澄みわたる。** （オリオンビール「夏いちばん氷温貯蔵」）

10 **人間の感性を豊かにするビール。** （銀河高原ビール）

11 **ほんの少し、酔いたい夜もある。** （サンプル自作）

12 **豪快に爽快。** （サンプル自作）

こんな言葉もおすすめ！

・泡	・乾杯	・飲みごたえ	・豊かな
・麦	・一杯	・のどごし	・華やかな
・熟成	・爽快	・コク	・本格的な
・贅沢	・旨さ	・キレ	・大人の
・ご褒美	・味わい	・たまらない	
・人生	・香り	・澄んだ	

解説

「最高の渇き」という言葉で、喉が渇くほど頑張った日のご褒美としてビールを飲みたくなるように表現できています。「渇き」と「ドライ（DRY）」を合わせることで商品名もイメージできます。

「おつかれさま」と「生ビール」を合わせることで、頑張った日のご褒美としてビールを飲みたくなるように表現できています。また「おつかれ生」と口にしたくなるキャッチコピーにもなっています。　**挨拶表現**

「一番」という言葉で「一番搾り」の商品名をイメージさせつつ、おいしさを期待させるようなキャッチコピーになっています。

「一番うまい」という最上表現で、他のビールとは別格のおいしさであることがイメージできるキャッチコピーです。「あなたの一番うまい！になる」という言葉でお客様に寄り添ったおいしさへのこだわりが感じられます。

ただのご褒美ではなく「週末のごほうび」として売り出すことで、ザ・プレミアム・モルツを飲むきっかけを作り出しているキャッチコピーです。

いつまでも輝き続けていたい大人が飲むビールというコンセプトが感じられ、星のマークがついた商品の特徴ともうまく合わせて伝えられています。　**否定強調**

「乾杯」という言葉で、ビールのおいしさだけではなく、ビールを通したコミュニケーションの楽しさまで感じさせるようなキャッチコピーです。「もっと」という言葉でおいしさをより期待させる表現になっています。

沖縄に住んでいる人に対して「やっぱり沖縄のビールはうまい」と地元を誇りに感じさせるようなキャッチコピーになっています。沖縄に住んでいない人にとっては、沖縄のビールに興味を持たせるような表現になっています。

蒸し暑い沖縄の夏に爽やかなビールを喉に流し込みたくなるようなキャッチコピーで、爽快感が分かりやすく伝わってきます。

「感性」という言葉で、小麦本来の味を身体全身で味わっていくイメージができるキャッチコピーです。洗練されたビールのおいしさが感じられます。

「微アル」のビールを想定したキャッチコピーです。お酒にあまり強くない人や、あまり飲みすぎたくない人に刺さるような表現を狙って制作しました。

「爽快感」を強調したい時に使えるキャッチコピーを狙って制作しました。韻を踏むことで印象付けています。

20
Industry

ワイン

味を伝えるか、 シーンを伝えるか。

　ワインのキャッチコピーでは、ワインの味を訴求するか、ワインを飲むシーンを訴求するか大きく2つの方向性があります。普段からワインを飲んでいる人をターゲットにするのであれば、味を詳細に伝えた方がより興味をそそります。ワインを普段飲まない人をターゲットにするのであれば、例えば「ホームパーティーにピッタリ！」などワインを飲むシーンから想像させる方が興味を抱かせやすくなります。

キャッチコピー例

1 日本を世界の銘醸地に （メルシャン「シャトー・メルシャン」）

2 日本がおいしくなるワイン。 （キッコーマン「マンズワイン」）

3 水と、土と、人と （サントリーワインインターナショナル「SUNTORY FROM FARM」）

4 チリの本命 （白鶴酒造「ミシオネス デ レンゴ」）

5 このワインおいしい、その一言のために。 （アグリ）

6 どのストーリーを飲みますか。 （雅流「ルシオール」）

7 楽しい時間は、泡からはじまる♪ （サンプル自作）

8 優しく弾ける泡が、
あなたの体と心を優しく揺らす。 （LIBER「Oscillazioni」）

9 ふかうま （サッポロビール「イエローテイル」）

10 いつものたこパをランクアップ （エノテカ「アルトス・イベリコス・クリアンサ」）

11 スペインの情熱ブレンド。 （サンプル自作）

12 そこを、パーティーに。 （サンプル自作）

こんな言葉もおすすめ！

・風味	・乾杯	・おしゃれ	・深い
・繊細	・一杯	・コク	・芳醇な
・自然	・大人	・プレミアム	・優雅な
・王道	・極上	・エレガント	・爽やか
・贅沢	・香り	・リッチ	・華やか
・時間	・味わい	・まろやか	・彩る

解説

日本のワインに対する想いや情熱を感じさせるキャッチコピーです。企業の使命を伝えることで、ワインの品質や信頼感まで表現できています。

日本の自然を味わえるワインであることが伝わってくるキャッチコピーです。日本の風土に合わせて作られたマンズワインの魅力を分かりやすく表現できています。

「水と生きる」というサントリーのタグラインも考慮されているように感じられるキャッチコピーです。「水」「土」という言葉で、ワイン場の自然のおいしさが、「人」という言葉で、ワイン職人のこだわりが感じられます。

チリワインそのものに興味を抱かせるキャッチコピーです。「本命」という言葉でチリワインの中でもおいしいワインだと期待させる表現になっています。

「その一言のために」という言葉で、お客様においしくて感動するワインを届けたいという企業姿勢が感じられるキャッチコピーです。

ワインの味だけではなく、そのワインの背景まで味わうことができる楽しさも表現できているキャッチコピーです。

スパークリングワインの泡の楽しさを伝えたキャッチコピーです。パーティーや友達との集まりでスパークリングワインを用意してみたくなるような表現を狙って制作しました。

微発泡ロゼワインのキャッチコピーです。微発泡を「身体と心を優しく揺らす」という気持ちの変化として表現できています。「優しく」という言葉を繰り返すことで、お酒を普段飲まない人にも興味を持たせるような表現になっています。

「深い」「うまい」を合わせて造語にすることで、ワインの特徴を分かりやすく伝えられているキャッチコピーです。このような新しいキーワードを作ることもキャッチコピーの手法の1つです。

どんなシーンにこのワインは合うのかを分かりやすく伝えられているキャッチコピーです。ワインのおいしさだけではなく、パーティーの盛り上がりまで表現できています。

生産地の情報と併せてワインの魅力を伝えることで、よりオリジナリティのあるキャッチコピーになっていきます。

ちょっと友達と集まる時でもワインがあれば、華やかなパーティーになるという変化を伝えたキャッチコピーです。

保育園・幼稚園

どんな子に育ってほしいか。

　何となく優しそうな園よりも、保育方針がはっきりしている園の方がより保護者様に安心感を抱かせやすいです。園を卒業した後の子どもたちのことを想像しながら、どういう子に育てていきたいのか、そのためにどのようなアプローチをするのか、園として何を大切にしていくのかなどを具体的に伝えることが大切です。「ここなら、もっといい子に育ってくれるかもしれない」と保護者様に期待を抱かせるようなキャッチコピーを意識しましょう。

キャッチコピー例

1 らしさとらしさ、あふれる園に。　　　（ウィズブック保育園）

2 こどもたちの、「親友」でありたい。
　　　　　　　　　　　　　　　　　（ひより保育園／鹿児島県）

3 感じて考えてすくすく育つ　　　（GreenHouse新大阪園）

4 楽しみ、考え、認める、「個」育て。　（おへそグループ）

5 いっぱい遊んで いっぱい考えて
いっぱい学ぶ。　　　　　　　　　　（ひかり泉こども園）

6 思いやりのあるたくましい子に　　　　（無二保育園）

7 可能性、ぐんぐん　　　　　　（きになる、こども園）

8 心うごく心がつたわる　　　　　　（きそがわ幼稚園）

9 あそびとくらしから学ぶ　　　（大野こども園／岐阜県）

10 子供達には、
平和を創り出す大人になってほしい　（桜美林幼稚園）

11 らしさ、のびのび。　　　　　　　　（サンプル自作）

12 ママ、はやくよーちえんいきたい！　（サンプル自作）

こんな言葉もおすすめ！

・成長	・感性	・豊かな	・考える
・発達	・個性	・チャレンジ	・生きる
・心	・元気	・のびのび	・芽生える
・身体	・遊び	・すくすく	・育む
・可能性	・学び	・ぐんぐん	・見守る
・未来	・健やか	・感じる	

解説

一人ひとりの子どもの個性を大切にしている園の姿勢だけではなく、「あふれる」という言葉で子どもたちがのびのび育っていく姿も浮かんできます。

子どもとの信頼関係を大切にしていることが、「親友」という言葉から分かりやすく伝わってくるキャッチコピーです。

「感じる」「考える」を大切にしていることが伝わり、子どもたちがいい刺激を受けて育っていく様子が感じられるキャッチコピーです。 **オノマトペ**

「楽しむ」「考える」「認める」を大切にしている教育方針が伝わります。「子育て」ではなく、「個育て」と漢字変換することで個性を大切にする園の想いも表現できています。 **漢字変換**

「遊ぶ」「考える」「学ぶ」という教育方針だけではなく、「いっぱい」という言葉を繰り返すことで、子どもたちの元気な姿までイメージできます。 **リフレイン**

どういう子に育ってほしいかを明確に伝えつつ、保護者様に共感を得られやすいキャッチコピーになっています。

一人ひとりの子どもの才能や個性が育っていくようなイメージが「ぐんぐん」というオノマトペで効果的に伝わってくるキャッチコピーです。 **オノマトペ**

子どもたちが内面から成長していく様子が「心」という言葉を繰り返すことで伝わってくるキャッチコピーです。 **リフレイン**

「あそび」「くらし」という両側面から子どもたちが日々成長していく姿がイメージできるキャッチコピーです。

「どういう子になってほしいか」を明確に伝えつつ、「平和」に対する園の想いが強く伝わってくるキャッチコピーです。

子どもたち一人ひとりの個性を自然に引き出す園を想定したキャッチコピーです。多様性の時代において、個性を尊重する姿勢も大切になってきます。 **オノマトペ**

子ども目線から園の魅力を伝えたキャッチコピーです。早く行きたくなるほど楽しみになる幼稚園のワクワク感を表現しました。

学習塾・予備校

内面に訴えかけるようなメッセージ。

「ここに来れば志望校を目指せるかもしれない」「苦手な勉強も克服できるかもしれない」と生徒さんや保護者様に期待を抱かせるようなポジティブなメッセージが学習塾・予備校においては大切です。とくに受験という人生がかかった場面を支えるサービスだからこそ、機能的な価値だけではなく、その塾が本気で生徒さんを応援してくれることが伝わるメッセージを意識すると、より刺さるキャッチコピーになっていきます。

キャッチコピー例

1 **桜より先に、咲いてやろう。** (早稲田アカデミー)

2 **天才はいない。** (早稲田アカデミー)

3 **私には、私の勝ち方がある。** (河合塾)

4 **志望校が母校になる。** (代々木ゼミナール)

5 **第一志望は、ゆずれない。** (駿台予備学校)

6 **いつやるか？今でしょ！** (東進)

7 **なんで、私が東大に。** (四谷学院)

8 **講師には、人生を変える力がある。** (東京個別指導学院)

9 **ビザビでのばそう のびしろガール！** (栄光「栄光の個別ビザビ」)

10 **自己最高点を取ろう！** (明光義塾)

11 **人生でいちばんもったいないのは、挑戦しないこと。** (サンプル自作)

12 **あなたのペースが、授業のペース。** (サンプル自作)

こんな言葉もおすすめ！

・挑戦	・人間力	・基礎	・寄り添う
・成長	・成績	・人生	・伸ばす
・本気	・未来	・やる気	・分かる
・合格	・得意	・一緒に	・解ける
・目標	・苦手	・好き	・できる
・先生	・学び	・支える	

解説

「桜」という言葉で受験合格をイメージさせているキャッチコピーです。受験シーズンに受験生を勇気づけるキャッチコピーは、企業のブランディングとしても効果的です。

天才だけではなく、どんな人でも努力次第で夢が叶えられる可能性があることを逆説的に伝えられているキャッチコピーです。

一人ひとりに合った勉強法を提供してくれることを、受験生目線の言葉にすることで分かりやすく伝えられているキャッチコピーです。

ここに来れば志望校合格が現実のものとなるという期待感を抱かせるように表現できているキャッチコピーです。

滑り止めの大学に妥協するのではなく、浪人してでも第一志望を目指したくなるようなキャッチコピーになっています。

塾への入会だけではなく、勉強や仕事など、挑戦へ踏み出すための合言葉としても浸透しやすいキャッチコピーになっています。 **問いかけ**

受験生目線の驚きをそのままキャッチコピーにすることで、難易度の高い大学に合格した時の感動をリアルに表現できています。

「いい講師との出会いが、いい人生のきっかけになる」というメッセージが感じられ、塾選びを講師を基準にして考えたくなるキャッチコピーです。

「のびしろがある」を「のびしろガール！」と言い換え、キャラクター化することでキャッチーに表現できています。

たとえ勉強が苦手な子であっても「自己最高点」という目標なら手に届くかもしれないと期待させるようなキャッチコピーです。

妥協せず、第一志望の合格を目指して塾を検討したくなるように表現したキャッチコピーです。

一人ひとりの勉強スピードに合わせたカリキュラムが組める安心感を分かりやすく伝えたキャッチコピーです。 **リフレイン**

専門学校

好きなことに挑戦したくなる表現を。

　専門学校のキャッチコピーでは、生徒さんに向けて「好きなことに挑戦しよう」と背中を押すようなキャッチコピーが多いです。その中でも「好きなことを楽しく学ぼう」という方向性と、「好きなことを本気で学ぼう」と覚悟を決めさせる方向性があります。学校の雰囲気や教育方針とも併せて、「楽しさ」を伝えるか「本気度」を伝えるかを考えていくといいでしょう。

キャッチコピー例

1 あきらめないって、いちばんの才能。　　　　(HAL)

2 未来は、今、変えろ。　　　　(HAL)

3 好きならば、言え。　　　　(モード学園)

4 好きなことだけは、死んでも離すな★　　　(モード学園)

5 この国に、いちばん必要な仕事が、
いちばん足りていない。　　　(江戸川学園おおたかの森専門学校)

6 目指すのは、スポーツを支えるプロ。
　　　(福岡医健・スポーツ専門学校)

7 43800日の決意。　　　　(熊本歯科技術専門学校)

8 デザインの勉強ってホンっト！楽しいっ！
　　　(中国デザイン専門学校)

9 夢にハングリー。　　　　(あいち造形デザイン専門学校)

10 専門学校で学ぶなら"絶対"4年制
　　　(東京デザインテクノロジーセンター専門学校)

11 すぐ先に、夢。　　　　(サンプル自作)

12 好きを好きで終わらせない。　　　　(サンプル自作)

こんな言葉もおすすめ！

・夢	・可能性	・スキル	・好き
・人生	・未来	・キャリア	・できる
・就職	・現場	・通用する	・なれる
・仕事	・業界	・自分らしい	・目指す
・即戦力	・学び	・思いっきり	・育てる
・実践力	・プロ	・のびのび	・身に付ける

解説

妥協せずに好きなことを専門学校で挑戦したいという気持ちを「いちばんの才能」と言い換えることで生徒さんの背中を押すようなキャッチコピーになっています。

「今」という言葉で、迷うことなく専門学校に進みたくなってくる、思い切って挑戦したくなるようなキャッチコピーです。

自分の夢ややりたいことを親に伝えたくなるようなキャッチコピーです。実際に夢を口にすることで、決意が高まる効果もありそうです。

「イヤならやめちゃいましょう！苦しいなら逃げちゃいましょう！でも、好きなことだけは、死んでも離すな★」というCMメッセージの中で使用されたキャッチコピー。「死んでも」という重い言葉に「★」とポップな記号を合わせることで、トーンもうまく調整できています。

福祉の専門学校のキャッチコピーです。「この国に、いちばん必要な仕事」と福祉のやりがいを伝えつつ、これからの社会のためにも自分がその仕事を担いたいと思わせるような表現になっています。

「スポーツを支えるプロ」という言葉で、どのような仕事が目指せるのかを分かりやすく示しているキャッチコピーです。目指す仕事の内容を端的に伝えるだけでも専門学校のキャッチコピーとして機能します。

「43800日」は約120年。一生をかけて自分の職を全うしていく覚悟を感じさせるようなキャッチコピーです。数字を使うことで興味を抱かせる表現になっています。　数字

「ホンっト！」「楽しいっ！」など、デザインを学ぶ楽しさを学生さんの言葉でリアルに表現しているキャッチコピーです。「っ」はリアルな感動を使う時に便利な文字です。

自分の夢を貪欲に追い続けていく人生にかっこよさを感じてもらえるように表現できているキャッチコピーです。

4年制という特徴を強調することで、他の専門学校との差別化を図っているキャッチコピーです。「絶対」という言葉で4年制の魅力を強調できています。

目の前になりたい職業があるワクワク感も専門学校の価値の1つであると考えて制作したキャッチコピーです。

興味のある分野に対して「本気で学びたい」と思ってもらえるようなキャッチコピーを狙って制作しました。

大学

可能性の広がりを感じさせるように。

　「この大学なら自分の夢や人生が広がっていく」と感じさせる表現が大学のキャッチ
コピーでは多いです。具体的な特徴を伝える表現よりは、内面に訴えかけるような表現
が効果的です。その中でも参考例にある「一生を描ききる女性力を。」「固定概念を、ぶっ
壊す。」など大学の特徴やトーンを意識すると、より独自性のあるキャッチコピーになっ
ていきます。

キャッチコピー例

1. **誰でもない、自分だけの道を。** （帝京平成大学）

2. **希望を確信に変える4年間。** （学習院大学 国際社会科学部）

3. **中央大学の白門は、来年はもっと広く開きます。** （中央大学 国際経営学部 国際情報学部）

4. **私はまだ、私を知らない。** （神戸女学院大学）

5. **一生を描ききる女性力を。** （武庫川女子大学）

6. **早慶近** （近畿大学）

7. **固定概念を、ぶっ壊す。** （近畿大学）

8. **1年次から全員海外追放。** （近畿大学×Berlitz 国際学部）

9. **会社に入るか。社会を創るか。** （武蔵野大学 アントレプレナーシップ学部）

10. **いちばん青い学部。** （立命館アジア太平洋大学 サステイナビリティ観光学部）

11. **可能性が、未知ている。** （サンプル自作）

12. **壁という壁をなくす。** （サンプル自作）

こんな言葉もおすすめ！

- 希望
- 未来
- 夢
- 知
- 道
- 挑戦

- 世界
- 可能性
- 人間性
- 社会
- 意志
- 実践

- 壁
- 視野
- 文化
- 自己実現
- 世の中
- グローバル

- 学ぶ
- 歩む
- 超える
- 踏み出す
- 切り拓く
- 変える

解説

周りと合わせることなく、自分の可能性を信じて大学進学へ前向きになれるようなメッセージ性のあるキャッチコピーです。　**否定強調**

「希望を確信に変える」という言葉で、自分の夢が現実のものへと変わっていく期待感を抱かせるように表現できているキャッチコピーです。

中央大学のシンボルである「白門」という言葉を使って、新しい学部ができることを大学ならではの表現で伝えられているキャッチコピーです。電車のドア上の広告という媒体特性も活かせています。

「知らない」という言葉がネガティブではなく、自分の可能性が広がっていくというポジティブなイメージで捉えられるキャッチコピーです。

「一生を描ききる」という言葉で、自分らしく人生をデザインしていけることが伝わるキャッチコピーです。「女性力」という言葉で、女子大ならでは表現で伝えられています。

「早稲田」「慶応」に「近」と近畿大学の頭文字を組み合わせることで、大学の新しいグルーピングを表現できているキャッチコピーです。

「新しい挑戦をする」ではなく、「固定概念を、ぶっ壊す」という表現にすることで、勢いのある近畿大学のイメージまでインパクトを持たせて伝えられています。

「留学」を「海外追放」という脅し文句としてユーモラスに伝えることで、インパクトのあるキャッチコピーにできています。

「アントレプレナーシップ学部」がどういうことができる学部なのか分かりやすく伝えられているキャッチコピーです。起業を考えている学生さんに刺さりそうな表現です。

「青い」という言葉で、成熟する前の可能性を感じさせるイメージを表現しつつ、大学名の「太平洋」のイメージとも合わせてうまく表現できているキャッチコピーです。

「未知」と「満ちている」を合わせることでインパクトを持たせつつ、知的好奇心を掻き立てるようなキャッチコピーを狙って制作しました。　**漢字変換**

「他学部の履修ができる」「留学ができる」などの特徴を持つ大学を想定し、それによって自分の視野が広がっていく大学の価値を表現しました。

エステサロン

どうキレイになるのか。

「キレイ」や「美」を連想させる表現だけでは、他のエステサロンとの差別化ができません。そのエステサロンではどのようにして美を叶えていくのかを考えていきましょう。特定の部位に強みがあるのか、トータルケアに強みがあるのか。癒やしがメインなのか、効果にこだわりがあるのか。改めてサロンが目指している方向性や価値を掘り下げていきましょう。

キャッチコピー例

1 最高の日を、最高の素肌で… (美4サロン)

2 スリム360°あふれ出す健康美へ (スリムビューティハウス)

3 エステ以上、治療未満の施術
(女性のためのボディケアサロン selene)

4 変わることを、楽しむ。 (座禅荘 NAGARA)

5 神楽坂で出逢う、心ほどける美の空間
(エステティックスパZA/ZA)

6 永遠の若さを求めて (AMRTA)

7 同業者も通うエステサロン (ブルーハウス/デトックスサロン青の家)

8 私が本当に望む「私」へ。 (Aphros Queen)

9 ファンデーションのいらない肌づくり (ドクターリセラ)

10 一番かるくなったのは、心です。 (ベリタブルボーテ)

11 美巡り体験。 (サンプル自作)

12 あなたを美しくする、手がある。 (サンプル自作)

こんな言葉もおすすめ！

・自信	・時間	・キレイ	・ボディ
・健康	・贅沢	・本来の	・スリム
・心	・癒やし	・自然な	・リラックス
・身体	・安らぎ	・丁寧な	・引き出す
・上質	・温もり	・ケア	・整える
・空間	・美しい	・メイク	・磨く

解説

結婚式を最高の姿で迎えることがイメージできる、ブライダルエステのキャッチコピー。美しい花嫁姿で当日を迎えたいという方に刺さりそうです。 リフレイン

「トータルケア」「痩身」「東洋美容」というサロンの特徴を「360°」「スリム」「健康美」と分かりやすく言い換えているキャッチコピーです。 数字

他のエステサロンよりも確かな効果を期待させるキャッチコピーです。「〜以上、〜未満」は、他業種でもよく使われる便利な表現です。

通うたびにキレイになっていく「変化」を期待させ、毎回のエステを楽しみにさせるようなキャッチコピーです。

「心ほどける」という言葉で上質な癒やしを、「美の空間」という言葉で店内の魅力を伝えつつ、「神楽坂」というアクセス情報まで伝えられているキャッチコピーです。

「ずっと若々しくキレイでいたい」という願望をストレートに描くことで、ターゲットに共感を抱かせながら上品に表現できているキャッチコピーです。

「同業者も通う」という言葉で、プロも認める施術の効果を期待させるようなキャッチコピーになっています。

「私」を強調させることで、自分らしい理想の美を求められるサロンであることを表現できています。自分が美しく生まれ変わるようなイメージが伝わってきます。 リフレイン

「ファンデーションのいらない」という言葉で、メイクに時間をかけなくても素肌から美しくなれるというサロンの価値を伝えられています。

体型の悩みがスッキリ解消されていくという気持ちの軽さまで表現できている、痩身エステサロンならではのキャッチコピーです。

血行促進を売りにしているサロンを想定したキャッチコピーです。「湯巡り体験」のようなワクワク感を覚えてもらえるように表現しました。

「手」という言葉で、手技の質やコースの多さを表現したキャッチコピーです。1つの言葉に2つの意味を持たせることでインパクトを出しています。

コスメ

「キレイ+α」を意識した表現を。

　他の商品と違って、そのコスメはどうキレイにしてくれるのか、どんな気持ちにさせてくれるのかなど、商品の付加価値を考えることが大切です。また、年齢層などターゲットによって求める美しさや価値観も変わってくるので、そのターゲットの気持ちと商品の価値の共通点を考えることで、興味を持たせるキャッチコピーになっていきます。

キャッチコピー例

1 **一瞬も 一生も 美しく** （資生堂）

2 **美しい知恵　人へ、地球へ。** （コーセー）

3 **きれいの、その先にあるもの。** （コーセー）

4 **素肌と生きる。** （ALBION）

5 **カワイイはつくれる！** （花王「エッセンシャル」）

6 **美しさの98%は眠っている。** （ポーラ「B.A」）

7 **ひとくちだけ、試してみたい、色がある。** （NOIN「sopo」）

8 **忙しい。 なのに、この肌。** （花王 ソフィーナ「SOFINA iP ベースケア エッセンス 土台美容液」）

9 **この潤いと、生きていく。**
100年一緒にいたいスキンケア。 （LATEGRA「ヒアルミルフィーユ」）

10 **カッコいいは、変わる。** （マンダム「GATSBY」）

11 **めんどうなキレイはいらない。** （サンプル自作）

12 **芯から湧き上がる美しさ。** （サンプル自作）

こんな言葉もおすすめ！

- 潤い
- 簡単
- 自然
- 自信
- 透明感
- 高機能

- 健康
- 魔法
- 成分
- 肌年齢
- スイッチ
- 自分らしい

- 仕上がり
- キレイ
- 美しい
- 優しい
- 華やかな
- 寄り添う

- 支える
- 彩る
- 輝く
- きらめく

解説

美しくなる瞬間も、美しく輝き続けられる人生も支えていく企業姿勢を「一瞬」「一生」という対比でインパクトを持たせながら伝えられています。 　**反対語**

人だけではなく環境にも配慮したアイデアのある美容商品を提供していく企業姿勢が感じられるキャッチコピーです。

「きれい」をさらに進化させていく、美容の未来まで感じさせるような期待感を抱かせるキャッチコピーです。

「素肌」という言葉で、肌の美しさだけではなく、自然体な生き方まで支えていく企業姿勢が感じられるキャッチコピーです。

「カワイイ」という言葉でターゲットを若年層に絞りつつ、「つくれる！」という言葉でコスメの楽しさまで感じさせるキャッチコピーです。

「98％」と数字を使うことで興味を抱かせつつ、もっと美しくなれることを期待させるようなキャッチコピーです。 　**数字**

「ひとくちだけ」という言葉で、新しいコスメを気軽に試したくなるようなキャッチコピーになっています。

忙しい人でも手軽にキレイを叶えられる商品であることが分かりやすく伝わってくるキャッチコピーです。

潤いのある肌になれることをイメージさせながら、生涯にわたって使いたくなるほどのスキンケア商品の魅力が伝わってくるキャッチコピーです。 　**数字**

時代に合わせた「カッコいい」を提供し続けていく企業の挑戦心が感じられるキャッチコピーです。新しいコスメを期待させるような表現になっています。

簡単に使用できるコスメ商品を想定して制作したキャッチコピーです。否定形にすることでインパクトを持たせています。

身体の内側にアプローチするようなコスメ商品を想定し、芯のある美しい人になりたいと考えているターゲットに刺さるキャッチコピーを狙って制作しました。

音楽教室

直感的な「楽しさ」を伝える。

音楽教室は、大人向けでも子ども向けでも「音楽」そのものの楽しさを伝えるキャッチコピーが多いです。ただ音を奏でる楽しさではなく、個性が出せる、人とつながれる、可能性が広がるなど、音楽の付加価値を伝えることで、より音楽教室に通いたくなるように表現できます。また、初心者でも入ってもらいやすいようにハードルを下げるような優しいトーンが効果的です。

キャッチコピー例

1 じぶんで奏でる人生へ (島村楽器の音楽教室)

2 弾こうよ、地球語。 (島村楽器の音楽教室)

3 すべての人々に音楽の歓びを (ヤマハ音楽教室)

4 おんがくって、ひろがる。 (ヤマハ音楽教室)

5 さあ、あなたの音を奏でよう (EYS音楽教室)

6 弾きたいときが適齢期 (宮地楽器 音楽教室)

7 最高のスタジオ環境で
あなただけの音楽レッスン (ノアミュージックスクール)

8 音楽って、一生の友だち。 (さとうまき音楽教室)

9 プロの演奏より、あなたのドレミ。 (seikoエレクトーン教室)

10 弾けば弾くほど、惹かれていく。 (seikoエレクトーン教室)

11 声春しよう。 (サンプル自作)

12 きづけば、はなうた。 (サンプル自作)

こんな言葉もおすすめ！

・上達	・趣味	・感動	・奏でる
・個性	・夢中	・ハーモニー	・鳴らす
・感性	・自由	・楽しい	・響く
・音感	・謳歌	・豊かな	・育む
・人生	・心	・新しい	・つなぐ
・世界	・才能	・触れる	・できる

解説

音楽教室に通うことで、音楽を聴く側から奏でる側になるという変化にワクワクできるようなキャッチコピーになっています。

「地球語」という言葉で、世界中でコミュニケーションができる音楽の魅力をインパクトのある表現で伝えられています。

「すべての人々に」という言葉でヤマハのブランド力を感じさせつつ、「歓び」という言葉で心からの音楽の楽しさまで表現できています。

子ども向けの音楽教室のキャッチコピーです。音楽によって将来の可能性や才能が広がっていくようなイメージができます。

「あなたの音」という言葉で、自分だけの音楽を自由に奏でられるワクワク感を表現できているキャッチコピーです。

「何歳からでも音楽を始めてもいい」というメッセージが分かりやすく伝わってくる表現で入会のハードルを下げています。

音楽スタジオを運営している企業ならではの表現になっていて、質の高いレッスン環境が整っていることがイメージできます。

子どもの頃から音楽に触れさせることで、大人になってもずっと楽しめる趣味になっていくことがイメージできるキャッチコピーです。

たとえドレミも分からない初心者の方であっても、その人のペースに合わせて音楽を教えてくれる安心感を覚えるキャッチコピーです。

どんどん上達して、どんどん音楽の楽しさにのめりこんでいく音楽教室の魅力が伝わってくるキャッチコピーになっています。

歌のレッスン教室を想定したキャッチコピーです。歌を歌う楽しさだけではなく、みんなと合唱する楽しさまで表現しました。

音楽教室に通っていない日までつい鼻歌がこぼれるほど、気分のいい毎日を送れる音楽教室の魅力を表現したキャッチコピーです。

たとえ

漢字変換

鍼灸・整骨院

「ここなら改善しそう」と思ってもらえる表現を。

　身体に違和感を覚えながらも、病院に行ってもなかなか改善しない人が「ここなら身体の悩みが解消されるかもしれない」と期待できるように表現することが大切です。そのために、症状改善のアプローチ方法、施術の技術力、身体の変化や院の想いなどを伝えることで、安心感と信頼感を抱かせるようなメッセージを意識して制作しましょう。

キャッチコピー例

1 あなたの人生に寄り添う鍼灸・整骨院
(いわむらだ鍼灸・整骨院)

2 腰痛生理痛でお困りの
あなたのトリセツを作ります。
(きがわ上野鍼灸院)

3 お灸の気持ちよさと効果を
一人でも多くの方に知っていただきたい
(灸PLUS)

4 たった数秒でカラダは変化する
(ふじもと整骨院／京都府)

5 痛くない鍼と、熱くないお灸
(うるおい鍼灸治療院／神奈川県)

6 何故セドナ治療院の施術はたった1回でも
効果を実感できるのか
(セドナ鍼灸治療院 浦安院)

7 「あって良かった」から
「ないと困る」整骨院へ。
(まごころ鍼灸整骨院／京都府)

8 女性の身体は、
女性の鍼灸師が知っています。
(愈鍼ANNEX)

9 身体に効くは、
気配りと聞くことからはじまる。
(ゆびはり鍼灸整骨院)

10 指先に魂
(堺整骨院／福岡県)

11 鍼灸は、世界が認める医学です。
(サンプル自作)

12 元気には、ツボがある。
(サンプル自作)

こんな言葉もおすすめ！

・健康	・原因	・真心	・辛い
・安心	・的確	・元気	・痛い
・根本	・技術	・芯	・健やか
・心身	・解放	・自然治癒力	・美しい
・改善	・解消	・歪み	・寄り添う
・不調	・丁寧	・スッキリ	・支える

解説

生涯にわたって健康をサポートする院の姿勢が感じられるキャッチコピー。「身体に寄り添う」ではなく「人生に寄り添う」と言うことで院の想いまで感じられます。

症状を改善するだけではなく、セルフケアまでサポートできることが「トリセツを作る」という表現で分かりやすく伝えられています。「自分のトリセツってなんだろう」と興味を抱かせるキャッチコピーにもなっています。

お灸の癒やしや効果だけではなく、院の想いまで伝わってくるキャッチコピーです。お灸の価値を信じている院の想いが伝わり、説得力が感じられます。

「たった数秒」という言葉で施術の技術力を感じさせる、インパクトのあるキャッチコピーです。手間をかけずに身体の症状を改善したいと考えているお客様に刺さりそうです。

鍼やお灸の怖さを軽減させ、安心感を与えるキャッチコピーです。「痛くない」「熱くない」という言葉で、それぞれのネガティブなイメージを払拭しています。 対句

「たった1回」という言葉で確かな効果を感じさせつつ、問いかけ型にすることで続きを気にさせるようなキャッチコピーになっています。

通うたびに欠かせないクリニックになってくるという安心感や信頼感が伝わってきます。地域の方々から頼りにされている院の魅力が伝わってきます。

女性鍼灸師が施術する院ならではのアプローチで、女性のお客様に安心感を抱かせる表現になっています。ターゲットを絞ることで言葉が具体的になり、訴求力が増します。

「身体に効く」という言葉で確かな効果を期待させつつ、「気配り」「聞くこと」という手段を伝えることで、自分の身体に寄り添ってくれる安心感まで伝わってきます。

施術の技術の高さを感じられるキャッチコピーです。情熱を持って施術を行い、しっかり効く手技をしてもらえる安心感を覚える表現になっています。

鍼灸の信頼感を高め、安心して院に来てもらえるような表現を狙ったキャッチコピーです。「鍼灸って本当に効果があるの？」と思っている方に刺さるような表現を意識しました。

「元気」という言葉で施術後の変化を伝えつつ、「ツボ」という言葉でピンポイントで効く施術を行ってくれることが感じられるように表現しました。

介護サービス

介護サービス

どのように寄り添うのかを伝える。

　自宅を離れることや、職員の方とうまくやっていけるのかなど、高齢者の方の不安を払拭するような安心感を表現するのが大切です。ただ「寄り添う」「サポートする」と言うだけではなく、「どのように寄り添うのか」「どのようにサポートするのか」「どういう想いで接しているのか」など、その介護サービスならではの姿勢が見えてくるとより安心感を伝えられます。

キャッチコピー例

1 歩んできた人生にふさわしい
上質な暮らしを。 （ひなた駅西）

2 「いつまでも、自分らしく暮らしたい。」
その想いを、叶えます。 （ヒルデモア/ヒュッテ）

3 人生は、冬ではなく、春で終わりたい。 （東京海上日動ベターライフサービス）

4 いつも目の届く範囲の中で生活を
家庭的な介護をご提供 （レディバード/てんとうむし）

5 「笑顔」を育む。 （やすらぎの杜／京都府）

6 自由に、自分らしく。
我が家として暮らせる場所。 （デンマークINN）

7 お一人おひとりが主人公となる、
家庭的なあたたかさのある家 （ドーミーときわ台）

8 好きなように、過ごせる幸せ。 （暖暖の里）

9 支えてあげたい人がいる。
支えてくれる仲間がいる。 （暖暖の里）

10 あなたの思いやりで、
幸せになれる人がいる。 （暖暖の里）

11 Vacation of Life （サンプル自作）

12 思い出より、今を楽しむ。 （サンプル自作）

こんな言葉もおすすめ！

・安心	・主役	・生きがい	・手厚い
・笑顔	・生活	・暮らし	・楽しい
・健康	・尊厳	・思いやり	・自分らしい
・夢	・自立	・ケア	・いきいき
・真心	・人生	・サポート	・寄り添う
・快適	・憧れ	・温かい	・向き合う

解説

「上質な暮らし」という言葉でワンランク上の施設であることが感じられるだけではなく「歩んできた人生にふさわしい」という言葉で高齢者の方の人生を尊重している姿勢まで感じられます。

「いつまでも、自分らしく暮らしたい」というお客様目線の言葉をキャッチコピーに取り入れることで、「こちらの気持ちを分かってくれている」という安心感まで伝わってきます。

「春」という言葉で温かい気持ちで安らかな暮らしを満喫できる幸せが感じられます。「冬ではなく」という言葉を入れることで、「春」という言葉を引き立てています。 **否定強調**

「いつも目の届く範囲の中で」と安心できるサポートを具体的に表現しつつ、「家庭的な介護」という言葉で、施設の温かい雰囲気を感じ取れます。

施設の魅力を表現しているだけではなく、採用向けのメッセージとしても機能しているキャッチコピーです。「笑顔」という言葉で施設に温かいイメージを与えながら、「育む」という言葉で充実した人生のために寄り添う施設の姿勢が伝わってきます。

「ここならのびのび暮らせそうだ」と感じさせるキャッチコピーです。自分らしい暮らしを尊重してくれる安心感のほかに、「我が家」という言葉で実家のような安心感まで表現できています。

「主人公」という言葉で、介護施設においても自分らしい人生を満喫できると安心感を抱かせるキャッチコピーになっています。

介護施設においても、自由な暮らしを満喫できる幸せが伝わるキャッチコピーです。「好きなように」という言葉でワクワク感が伝わってきます。

介護施設の採用向けのキャッチコピーです。「支えてあげたい人がいる」という言葉で介護のやりがいを、「支えてくれる仲間がいる」という言葉で職場の温かい雰囲気を表現できています。 **対句**

介護施設の採用向けのキャッチコピーです。「高齢者の方のために何かしてあげたい」というサービス精神が強い方に刺さりそうな表現になっています。

介護施設での暮らしを「バケーション」と言うことで、より贅沢感や幸福感を感じ取ってもらえるように表現したキャッチコピーです。英語にすることで、いい意味で介護施設らしくない表現を狙って制作しました。

「過去を振り返るのではなく、今を思いっきり楽しむ」と、前向きで明るい人生を送れることを期待させ、介護施設にポジティブな印象を持たせるように表現しました。

ホテル

ホテルの価値を見極めた表現を。

　カプセルホテル、ビジネスホテル、高級ホテル。ホテルと一口に言っても提供する価値はそれぞれです。例えばカプセルホテルであれば「手軽さ」。ビジネスホテルであれば「快適さ」。高級ホテルであれば「特別感」が価値の1つと言えますが、その「手軽さ」「快適さ」「特別感」を各ホテルの特徴に合わせ具体的に表現することが大切です。高級ホテルの場合は、高級マンションのキャッチコピーも参考になりそうです。

キャッチコピー例

1 快適に、シンプルに "住むホテル"　　　　（ドーミーイン）

2 出発するホテル。　　　　（東横INN）

3 あなたと家族と街を愛する。　　　　（ベッセルホテルズ）

4 緑があふれるこの街で、
笑顔あふれるおもてなし。　　　　（ビジネスホテル太陽）

5 創業から約100年。長年磨かれたおもてなしの
心で、思い出の滞在を。　　　　（ホテル法華クラブグループ）

6 最上のくつろぎを湛えた「アーバンオアシス」
　　　　（横浜ベイホテル東急）

7 静寂に包まれた都心の桃源郷　　　　（シャングリ・ラ 東京）

8 ロビーに足を踏み入れた瞬間、
落ち着きに満ちた時間が広がる。　　　　（The Okura TOKYO）

9 すべての今日を祝福する百年のおもてなし。
　　　　（奈良ホテル）

10 変わり続けることを約束するホテル　　　　（変なホテル）

11 ホテルだって、観光名所だ。　　　　（サンプル自作）

12 パッと泊まれる。サッと出られる。　　　　（サンプル自作）

こんな言葉もおすすめ！

・贅沢	・記憶	・思い出	・やすらぎ
・豪華	・安心	・非日常	・リフレッシュ
・絶景	・主役	・癒やし	・心地いい
・一望	・体験	・夢	・過ごす
・空間	・五感	・おもてなし	・休まる
・時間	・隠れ家	・くつろぎ	・落ち着く

解説

「快適」「シンプル」という言葉で部屋の特徴まで想像できるキャッチコピーです。「泊まるホテル」ではなく「住むホテル」と言うことで、自宅のように暮らせる安心感を覚えます。

「泊まる」ではなく「出発する」と言うことで、「旅立ちの明るさ」「未来」などポジティブな印象を与えているキャッチコピーです。ホテルが主体ではなく、お客様の人生が主体となっている表現で秀逸です。

「家族」という言葉を入れることで、ターゲットを明確にしているところが特徴的です。また「街」という言葉で、地域からも愛されるホテルを目指しているという企業姿勢まで感じられます。

「緑があふれる」という言葉でホテルが位置する仙台の魅力を、「笑顔あふれる」という言葉でホテルの温かい雰囲気が伝わるキャッチコピーです。「あふれる」という言葉を合わせることで印象に残る表現になっています。　　**対句**

「創業から約100年」という実績を伝えることで、「おもてなし」という言葉に説得力を持たせています。また丁寧なトーンで表現することで、ホテルの品質も感じられます。　　**数字**

まるで高級マンションのようなトーンでホテルの上質感を表現しているキャッチコピーです。「湛えた（たたえた）」は、「水などをあふれるほどいっぱいに満たす」という意味で、海に近いホテルの立地もふまえた表現になっています。

「静寂」という言葉でホテルの落ち着ける空間や上質感が感じられ、「都心」という言葉が「静寂」の価値を引き立てています。また「桃源郷」という言葉で高級ホテルの特別感をより演出できています。

ホテルの特徴を伝えるのではなく、ホテルに入る瞬間を伝えることで、よりホテルの上質な雰囲気や特別感を演出できています。シーンの一部を切り取ることで、リアリティのある表現になっています。

明治時代に建てられたホテルのキャッチコピー。「すべての今日を祝福する」という言葉で、お客様一人ひとりに対するサービス精神だけではなく、「百年のおもてなし」という言葉で歴史あるホテルの信頼感まで伝わってきます。　　**数字**

「変なホテル」の「変」という字に、「変わり続ける」という意味を持たせたキャッチコピーになっています。ロボットや最先端テクノロジーを活用したホテルの特徴を活かし、お客様の快適のために変わり続けるホテルのコンセプトを表現できています。

とくに観光客向けのホテルを想定したキャッチコピーです。ホテルを出て観光を楽しむのではなく、ホテルでも観光を楽しめるという魅力を表現しました。

カプセルホテルなど簡易ホテルを意識したキャッチコピーです。ちょっと泊まれる宿が欲しいというお客様のニーズを想定し、オノマトペを入れることでキャッチーに表現しました。　　**オノマトペ**

葬儀サービス

前向きで温もりのある表現を。

　葬儀サービスのキャッチコピーは「お別れ」をテーマにしたメッセージよりも、「人と人とをつなぐ」「故人との思い出を残す」という前向きなメッセージが多いです。悲しみの中で葬儀社を探している方に対して、誠実に寄り添っていく姿勢を温かみのあるトーンで表現しつつも、どのような葬儀を得意としているのか独自の強みが示せると強いメッセージになります。

キャッチコピー例

1 やすらかに　ご家族に　つつまれて… （セレモニー福井）

2 前向きな終活を支えつづける。
（第65回朝日広告賞一般公募の部審査委員賞 イオンライフ「イオンのお葬式」）

3 生きる、お葬式。 （典礼会館）

4 人生をつなぐ、ベルモニー。 （ベルモニー）

5 一期一会　大切な人との最後の思い出を。 （伸和社）

6 ひととひとの絆が感じられる
マニュアルのないお葬式 （まごころ庵／鳥取県）

7 葬儀は単なる儀式ではなく、
故人を思う大切なものだと知りました （とわホール）

8 花で彩るお葬式 （とむらび）

9 "ありがとう"の場所さがし （北のお葬式）

10 お葬式、それは
かけがえのない家族時間。 （くらしの友）

11 「いいお葬式だったね」のために。 （サンプル自作）

12 小さな葬式。大きな愛。 （サンプル自作）

こんな言葉もおすすめ！

・絆	・想い	・エンディング	・向き合う
・家族	・思い出	・温かい	・つなぐ
・時間	・思いやり	・自分らしい	・込める
・感謝	・お別れ	・ゆっくり	・刻む
・真心	・大切な人	・心置きなく	・称える
・安心	・ありがとう	・寄り添う	

解説

家族葬のキャッチコピーです。「やすらかに」や「つつまれて」という言葉で、家族葬の温かさや安心感を韻を踏みながら印象深く表現できています。ご家族に見送られる幸せな葬儀がイメージできます。 韻

終活にポジティブな印象を持たせているキャッチコピーです。人生を楽しく全うする人を支えるようなイメージができます。

お葬式は、故人の方に別れを告げる場所ではなく、故人の方が心に生き続ける場所という、お葬式の価値を再定義しているキャッチコピーです。「生きる」「お葬式」という反対の関連語を使うことで、表現にインパクトを持たせています。 反対語

「人生をつなぐ」という言葉で、故人の方の想いを受け継ぐ、人と人とをつなぐ場所というコンセプトが感じられます。キャッチコピーの中に社名を入れることで、社名を思い出してもらえるように表現できています。

「大切な人との最後の思い出を」という言葉で、故人の方といい時間をしっかり過ごしたいと思ってもらえるような表現になっています。

「マニュアルのないお葬式」という言葉が印象に残るキャッチコピーです。決まったプランではなく、故人の方やご親族の方の想いに合わせた葬儀を提供していることが伝わってきます。

「お客様の声」のような表現にすることで、お客様目線から葬儀の価値を感じられるキャッチコピーです。「〜ではなく、〜だ。」という型は、メッセージを強調するのに効果的です。 否定強調

葬儀の特徴が伝わるキャッチコピーです。花屋が運営している葬儀社であることの強みが伝えられていて、「花で彩る」にこだわりが感じられます。

葬儀場を「ありがとうの場所」と言い換えることでインパクトのある表現にできています。「さようなら」ではなく「ありがとう」とすることで、葬儀にハートフルな印象を持たせています。 挨拶表現

お葬式を「かけがえのない家族時間」と言い換えることで、家族の絆を深める場所として葬儀の魅力を伝えられているキャッチコピーです。

お客様のセリフをそのままキャッチコピーに取り入れることで、葬儀のサービス品質を感じられるように表現しました。また、葬儀後の温もりまで感じさせるように訴求しています。

家族だけで小さく葬儀を行いたい方を意識したキャッチコピーです。小さいお葬式だからこそ、故人との想いも密になるというメッセージも込めています。 反対語

ブライダルサービス

特別感をシーンで描く。

　ブライダルサービスは「スタイル」「価格」「オーダーメイド」といった式場の特徴をふまえつつ、結婚式自体にワクワクしてもらえるようなシーンを描くと効果的なキャッチコピーになります。他の式場との違いを明確に示しつつ、情緒的なトーンで、「強み」や「特別感」も一気に表現できると強いです。また、結婚式を通じてお二人にどうなってほしいのかなど、想いや姿勢を示す表現も効果的です。

キャッチコピー例

1 結婚しなくても幸せになれるこの時代に
私は、あなたと結婚したいのです。（リクルート「ゼクシィ」）

2 あなたと幸せになることを
私は、私に誓います。（リクルート「ゼクシィ」）

3 くすり指がドキドキした。（軽井沢高原教会）

4 親を幸せにする結婚式。（川越氷川神社）

5 和装もドレスも叶う結婚式（大國魂神社結婚式場）

6 やってもいいと思った結婚式がここにあった
（ザ・ホスピタリティチーム「TOMORROW WEDDING」）

7 日本中の結婚式を、安く、美しく。（タメニー「スマ婚」）

8 ワンフロアすべてがおふたりとゲストの
祝福ステージ（THE CASTLE WEDDING YAMAGATA）

9 選べる・見つかる・My ウエディング
（ブライダルハート「POPCORN KOBE」）

10 人生が変わるほどの結婚式（CRAZY「CRAZY WEDDING ordermade」）

11 いつもの私で、愛を誓える。（サンプル自作）

12 おいしい、結婚式。（サンプル自作）

こんな言葉もおすすめ！

- 絆
- 愛
- 自由
- 二人
- 感動
- 演出

- 時間
- 永遠
- 舞台
- 特別
- 一生
- 記憶

- 幸せ
- 誓い
- 想い
- 温かい
- 美しい
- らしい

- 忘れられない
- 心に残る
- 刻む
- 彩る
- 祝う
- 叶える

解説

結婚することが当たり前ではなく、結婚することは1つの選択肢であるという多様性の時代を考慮しつつ、その中でも結婚することの価値を分かりやすく示しているキャッチコピーです。

「結婚式で誓うものは何か」という問いに独自の答えを示しているキャッチコピーです。結婚式はパートナーへの愛を誓う場所だけではなく、パートナーと幸せになる決意を示す場所という、結婚式の価値を掘り下げた表現になっています。

「くすり指」という言葉で結婚指輪を連想させ、「ドキドキした」という言葉で結婚式での胸の高鳴りを連想させるキャッチコピーです。「指がドキドキする」と擬人法を用いることでインパクトのある表現になっています。

擬人法

和婚を「親を幸せにする結婚式」と言い換えているキャッチコピーです。家族想いのカップルに刺さるように和婚の価値をうまく表現できています。

結婚式の衣装に焦点を当て、どちらのスタイルも記念に残せる贅沢感が伝わってくるキャッチコピーです。特徴に強みがある場合は、その特徴をそのまま伝えるだけでもキャッチコピーとして機能します。

「やってもいい」というターゲット目線の言葉で、結婚式をわざわざ挙げる必要があるのか悩んでいる方に刺さるような表現になっています。

格安婚をプロデュースするサービスのキャッチコピーです。「安く」という言葉を入れることでサービスの価値をはっきり示しつつ、「美しく」という言葉で結婚式の質の高さも感じさせるように表現できています。

「ワンフロアすべて」という言葉で、ホテルでの結婚式の特別感や贅沢感を具体的に表現できています。自分たちのためだけに用意されたステージにワクワクできるようなキャッチコピーになっています。

「選べる」という言葉で、自分らしい結婚式を挙げられる楽しさが感じられるキャッチコピーです。韻を踏んでリズミカルにすることで印象深い表現になっています。

韻

ただの結婚式ではなく「人生が変わるほどの結婚式」と感動の大きさが感じられるキャッチコピーです。結婚式によって人生がより明るくなっていくような印象を覚えます。

緑あふれる環境でリラックスして結婚式ができる式場を想定したキャッチコピーです。ありのままの自分でゆっくり愛を誓える場所として価値を表現しています。

レストランウェディングのサービスを想定したキャッチコピーです。おいしい食事も堪能したいと思っている方に刺さるような表現を狙って制作しました。

花屋

お客様が花を買う理由を考える。

「忙しい日常に癒やしが欲しい」「お世話になった人に感謝を伝えたい」などお客様が花を買う理由をふまえて、その気持ちに応えるようなキャッチコピーを考えることで、花の価値をより実感しやすくなり、購買欲を湧かせることができます。また、どういった花を揃えているのかなどお店のこだわりもふまえると、その花屋ならではのキャッチコピーになっていきます。

キャッチコピー例

1 花は自由なラブレター　（花の国日本協議会「2.14 FLOWER VALENTINE」）

2 季節の花が揃う店　（花の店艶）

3 贈ろう、暮らしに花を。
（宮城県花と緑普及促進協議会「みやぎフラワーフェスティバル」）

4 本気なら、花を。　（日比谷花壇）

5 花よりも美しいのは、
花を贈る気持ちです。　（花次郎）

6 花のある暮らしでちょっとした彩りを　（えびすフラワー）

7 花と、世界を、旅しよう!　（世界の花屋）

8 Say it with flowers　（花まり）

9 お花のある生活、それは幸せな生活　（ヌボー生花店）

10 小さな店で贈る、大きな気持ち　（小さな花屋 Tette）

11 あなたに贈りたい、お花ばかり。　（サンプル自作）

12 見るたびに、満開。　（サンプル自作）

こんな言葉もおすすめ！

・一輪	・彩り	・メッセージ	・華やかな
・満開	・癒やし	・プレゼント	・咲く
・生活	・出会い	・サプライズ	・贈る
・自然	・飾り	・明るい	・伝える
・感動	・気持ち	・美しい	・つなげる
・笑顔	・想い	・豊かな	・祝う

解説

花を「自由なラブレター」と例えることで誰かのために花を気軽にプレゼントしたくなるようなキャッチコピーになっています。「一緒に選んだっていい。」「何も言えなくたっていい。」などのサブコピーもあり、効果的な表現になっています。 　　たとえ

季節ごとにお店に訪れてみたくなるようなキャッチコピーです。サービス内容に特徴があれば、そのまま伝えるだけでもオリジナリティのある表現になります。

「人に贈る」のではなく「暮らしに贈る」という表現にすることで、花のあるライフスタイルを想像できます。倒置法によってインパクトを持たせられています。 　　飛躍目的語

ホワイトデーでのキャッチコピーです。花を本気の愛の証として表現することで、好きな人のバレンタインのお返しに花を選びたくなってきます。

花そのものではなく、花を贈る人の気持ちにフォーカスを当てることで、花を贈ること自体の価値を引き上げているキャッチコピーです。相手の行動を肯定することで、より購買欲を高めています。

「ちょっとした」という言葉を入れることで、花を買うハードルを下げています。気持ちが上がらない時にちょっと花を飾ってみたくなりそうです。

世界中の花を揃えているお店の特徴をふまえたキャッチコピーです。「旅しよう」という言葉で、その花が咲く国にまで興味を持たせるような、新しい花の楽しみ方まで提案できています。

シンプルな英語で表現することでメッセージ性を強めているキャッチコピーです。相手に何かを伝える時に花を添えることで、より思いが伝わりやすくなることが感じられます。

「それは」という言葉で、句を分けて表現することで「幸せな生活」のインパクトを強めています。「それは」というつなげ方は表現をドラマチックにします。 　　リフレイン

「小さな」「大きな」という反対語を一文に入れることでインパクトを持たせています。「小さな店」という言葉でお店の親しみやすさや可愛さまで感じられます。 　　反対語

「お店自慢の花をお客様に届けたい」「好きな人に素敵な花を贈りたい」という両方の意味を込めたキャッチコピーです。

プリザーブドフラワーなど、長持ちするお花を想定したキャッチコピーです。いつも満開の花を楽しめる幸福感を表現しています。

美容院

「キレイ」「美しい」だけじゃない表現を。

美容院のキャッチコピーは「キレイ」「美しい」といった言葉を使いがちですが、どうキレイになるのか、他の美容院とどう違うのか、この美容院に来るお客様にどうなってほしいのかなどお店の想いを描くことで埋もれにくいキャッチコピーになっていきます。また得意なスタイル、お店の空間、技術力など具体的な美容院の強みについても考えることで、お客様に興味を抱かせる表現が出てきやすくなります。

キャッチコピー例

1 **髪も、心もリセットできる、ヘアーサロンラヴィ** （ヘアーサロンラヴィ）

2 **髪はいつでも自由だから** （TAYA）

3 **自分らしい。美しい。** （GRAND）

4 **10分の身だしなみ** （QB HOUSE）

5 **毎日が、楽しく変わる。アリーザで。** （aleeza）

6 **ふれあう全ての人が"なりたい自分"になれる場所** （LONESS）

7 **髪にイイコトしませんか？** （美容室pique）

8 **総理大臣や大統領がかわるより、前髪1ミリでわたしの世界はかわる。** （WARP Hair Craft）

9 **キッカケなんか、春でいい。** （リクルート「HOT PEPPER Beauty」）

10 **この予約でキレイになるのだ。** （リクルート「HOT PEPPER Beauty」）

11 **光と、癒しの、サロン。** （サンプル自作）

12 **一瞬で、別人。** （サンプル自作）

こんな言葉もおすすめ！

・理想	・空間	・ワクワク	・今っぽい
・素敵	・明日	・スタイリッシュ	・軽やか
・快適	・癒やし	・トータルビューティー	・生まれ変わる
・一息	・楽しみ	・自分らしい	・決まる
・自分	・ご褒美	・かわいい	・なれる
・自然	・くつろぎ	・新しい	・輝く

解説

「リセット」という言葉で、いつもの自分に戻れる、ここからまた新しい自分になっていくというメッセージ性を感じられます。また、落ち着いた店内の空間も感じられます。

「髪を変えることでどんな自分にだってなれる」というメッセージが伝わってくるキャッチコピー。もっと自由に人生を楽しみたいと思っている人に刺さりそうな表現です。

自分に合わせたヘアスタイルを提案してくれることを期待させるようなキャッチコピーです。顔を踏むことで、よりキャッチーな表現になっています。

「10分」と具体的な数字を出すことで、手軽さを分かりやすく表現できているキャッチコピーです。「パッと髪を切りたい」というターゲットのニーズをふまえた表現になっています。

髪だけではなく、いつもの日常まで明るく変わっていく美容院というコンセプトが伝わってくるキャッチコピーです。英語で読み方が分からない店名の場合、キャッチコピーに店名の読みを入れることも効果的です。

「"なりたい自分"になれる場所」と美容院が目指すものをはっきり示すことでお客様に期待感を抱かせるキャッチコピーになっています。「全ての人」と主語を大きくすることで、お店の覚悟も感じられます。

「イイコト」という言葉で、ただキレイになるだけではなく、健康的な髪になれることまで想像できます。「イイコト」というカタカナ表記や「しませんか？」という問いかけで、お店の親しみやすさも表現できています。

「前髪1ミリでわたしの世界はかわる」だけでもインパクトがありますが、「総理大臣や大統領がかわるより」と大きな比較対象を入れることで、よりインパクトを強めています。メッセージ性を高めたい場合に、比較表現は効果的です。

新しい髪形にしようか悩んでいる人の背中を押すようなキャッチコピーになっています。「なんか」という言葉で、メッセージ性を強めています。

「のだ」という語尾で、ターゲットの可愛らしい意志まで感じられます。ターゲット目線からの言葉にすることで、オリジナリティのある表現になっていきます。

「光」という言葉で髪のツヤと店内の輝きを表現し、「癒し」という言葉で店内の心地いい空間を表現したキャッチコピーです。

「イメチェンしたい」というターゲットに刺さるようなキャッチコピーを狙って制作しました。髪を変えることで今までの自分を変えられることを期待させるような表現です。

スポーツジム・フィットネスクラブ

前向きな気持ちを後押しする言葉。

ジムやクラブに通おうと考えている人は、「新しいことをはじめたい！」「もっといい自分になりたい！」と前向きに考えている人が多いと思います。その気持ちを後押しするような、明るくて活発なトーンがジムやクラブのキャッチコピーに合います。また、「通いやすさ」「多様なプログラム」「運動が苦手な人でも楽しめる」などそのジムに合った価値も含めて考えるとオリジナリティが出しやすくなります。

キャッチコピー例

1 **結果にコミットする。** (RIZAP)

2 **ライザップが作ったコンビニジム** (chocoZAP)

3 **さあ、自分をアップデートしよう。** (Fast Fitness Japan／ANYTIME FITNESS)

4 **人はスポーツで成長する** (コパンスポーツクラブ／コパンスイミングスクール)

5 **ルネサンスは、新スタイル。** (RENAISSANCE)

6 **近トレしよう。** (JEXER)

7 **自分らしく、つづくためのすべてを。** (東急スポーツオアシス)

8 **なれる!! なる!!** (MEGALOS)

9 **ウェルネスを明日に、未来に。** (CENTRAL SPORTS)

10 **なんだかんだ楽しいウン、ドウ、ダ** (TIPNESS)

11 **鍛えルーティン。** (サンプル自作)

12 **励まされるから、続けられる。** (サンプル自作)

こんな言葉もおすすめ！

・心	・前向き	・フィット	・動かす
・健康	・自分らしい	・スタイル	・続ける
・習慣	・明るい	・リフレッシュ	・通う
・理想	・楽しい	・なりたい	・変わる
・目標	・強い	・いつでも	・導く
・自信	・美しい	・鍛える	・つくる

解説

「ここなら必ず痩せる」と広告で言うのは難しいですが、「結果にコミットする」と言い換えることで、理想の姿を目指せることを期待させるキャッチコピーです。

24時間気軽に通えるジムというコンセプトを「コンビニ」と分かりやすく例えて伝えられているキャッチコピーです。「ライザップが作った」というのも安心材料になっています。 `たとえ`

「アップデート」という言葉で自分を新しく更新していくイメージが感じられるだけではなく、「アップ」という文字でジムに通うことにポジティブな印象を覚えます。

子どもの習い事としてもスポーツクラブに通わせたくなるようなキャッチコピーです。身体を動かすことで心までたくましくなっていくイメージができる表現になっています。

他のジムにはない、ルネサンスのプログラムに期待感を抱かせるキャッチコピーです。ルネサンスはどんなスタイルのジムなのか、興味を持たせる表現になっています。

「筋トレ」と「駅近」を合わせたキャッチコピーで、JRグループのジムの特徴をうまくおさえています。このように漢字を変えるだけでもインパクトのある表現になりやすいです。 `漢字変換`

「自分らしさ」と「続けやすさ」に価値を置いていることが伝わるキャッチコピーです。自分に合ったフィットネスメニューが揃っていると期待させられます。

何になるのか具体的に表現していなくても「理想の自分」「なりたい身体」などポジティブな変化が一瞬で伝わる、インパクトのあるキャッチコピーです。

「明日」「未来」という言葉で、明るくてポジティブなイメージを感じられるキャッチコピーです。企業理念としても機能しそうな表現になっています。

「めっちゃ楽しい」ではなく「なんだかんだ楽しい」という言葉遣いにすることで共感を覚え、運動の楽しさに気づかされるようなキャッチコピーです。「ウン、ドウ、ダ」と区切ることでインパクトのある表現になっています。

ストイックな健康習慣に興味があるターゲットに刺さるようなキャッチコピーを狙って制作しました。「鍛える」と「ルーティン」を合わせた造語にすることで口にしたくなるように表現しました。

パーソナルジムを想定したキャッチコピーです。トレーナーがいることによる安心感と続けやすさを表現しています。

アパレル

ストーリーを作る。

商品の機能だけで差別化をするのが難しいアパレルブランドにおいては、ブランドストーリーを作ることが大切です。例えば「今の自分にある程度満足しているけど、何か物足りない、そんな人が新しい自分へ一歩踏み出すためのきっかけを提供したい」など、どんなターゲットにどういう価値を届けたいのか、どういう人を増やしていきたいのかなどを明確にすると、よりブランドに色が出てきます。

キャッチコピー例

1 わたしらしくをあたらしく (LUMINE)

2 この世界にわたしはけっこう似合っている (LUMINE)

3 きるは生きるの大部分。 (札幌APIA/JRタワー)

4 ほんとうにいいものをつくろう。 (三陽商会)

5 触ってごらん、ウールだよ。 (国際羊毛事務局)

6 あした、なに着て生きていく？ (ストライプインターナショナル「earth music&ecology」)

7 ふだん着の日が、人生になる。 (ユニクロ)

8 知らない私に、出会おう。 (ワコール「Date.」)

9 かわいいに、まっすぐ。 (ROPÉ PICNIC×タッチ)

10 マナーに沿うことは、想いに寄り添うことでした。 (第56回宣伝会議賞協賛企業賞 東京ソワール)

11 「こんなの着たことない」を着よう。 (サンプル自作)

12 家でも、外でも、この自分で。 (サンプル自作)

こんな言葉もおすすめ！

・素材	・上質	・心地いい	・サイズ
・印象	・自由	・クール	・スタイル
・個性	・彩り	・キレイ	・シルエット
・毎日	・かわいい	・オシャレ	・アイテム
・自然	・私らしい	・シンプル	・着る
・洗練	・新しい	・ピッタリ	・脱ぐ

解説

新しい服だけではなく、新しい自分にチャレンジしてみたくなるようなキャッチコピーになっています。韻を踏むことで印象に残る表現になっています。

韻

「私に似合う服」ではなく「私に似合う世界」と対象を大きくすることでインパクトを持たせています。自分に合った服を着ることで世界までも心地よく感じてくるというメッセージを感じられます。

「人生に服は欠かせない」というメッセージが感じられるキャッチコピーです。「いきる」「きる」という言葉に着目させることで表現にインパクトを持たせています。キーワード（いきる）の中に別のキーワード（きる）が隠れていないか探してみることで、面白い表現が生まれるかもしれません。

リクルートブックのキャッチコピーです。作り手側のこだわりやメッセージは、社内向けだけではなく、顧客向けにも機能することがあります。

思わずウールを触ってみたくなるようなキャッチコピーです。肌ざわりの良さを感覚に訴えかけてみることも、アパレルのキャッチコピーのヒントになりそうです。

明日どんな服を着るかで人生までも変わっていくことが感じられる、服の価値の大きさを表現できているキャッチコピーです。問いかけ型にすることで、自分事化させるメッセージになっています。

問いかけ

テレワークが進みスーツを着る機会が減ってきた今の時代だからこそ「ふだん着の日が、人生になる」というメッセージに共感できます。ユニクロのブランドとも合っているキャッチコピーです。

「新しい服を来て新しい自分になる」というメッセージを「知らない私に、出会おう」と、自分を客観視するような表現にすることでインパクトのあるキャッチコピーになっています。

ただ可愛くなれることを伝えるのではなく「まっすぐ」という言葉を付けることで、「かわいい」に対するブランドやこだわりまで感じられるキャッチコピーになっています。

少し堅苦しさも覚える「マナーに沿う」という言葉を「想いに寄り添う」と言い換えることで、フォーマルウェアにポジティブな印象を持たせています。

今まで着てこなかったファッションにチャレンジしたくなるようなキャッチコピーを狙って制作しました。「こんなの着たことない」というセリフを目的語にすることでインパクトを持たせています。

飛躍目的語

テレワークが進んだ今の時代は、家の中でも外でも兼用できる服にニーズが出ていると思い、その特徴を売りにしているブランドを想定したキャッチコピーです。

ジュエリー

質を伝えるか、メッセージを持たせるか。

ジュエリーのキャッチコピーは大きく2つの方向性があります。1つはジュエリーへの「こだわり」を伝えるコピー。職人の技や素材の質など、ジュエリーの品質を具体的に示すことで、本物のジュエリーを求める人に刺さりやすい表現になります。もう1つは気持ちの変化を伝えるコピー。「永遠の愛」「日々のときめき」などジュエリーでどういったメッセージを届けられるのか、どういう気持ちにさせるのかを示す表現も効果的です。

キャッチコピー例

1 **0.01mmまで合わせる、想いと技。**
(SAIJYO Jewellery Design & Making)

2 **セカイと、もっと、自由にあそぼう。**
(ハセガワJスタジオ「ヒャクノエム」)

3 **永遠を、はじめよう。**
(Forevermark)

4 **肌も喜ぶジュエリー。**
(verite)

5 **人生に本物の輝きを**
(TSUTSUMI)

6 **なにげない日常に輝きを。**
(アミュレット)

7 **ふたりで、ひとつの人生を。**
(ケイ・ウノ)

8 **おしゃれで被らない
日本製にこだわった指輪**
(鶴)

9 **One Story. One Ring.**
(アーツアンドクラフツ／ith)

10 **世界に二つとないジュエリーを探して**
(Cayof)

11 **欲しかったのは、さりげなさ。**
(サンプル自作)

12 **すべての日を、とくべつに。**
(サンプル自作)

こんな言葉もおすすめ！

・輪	・永遠	・優雅な	・美しい
・愛	・輝き	・上質な	・色褪せない
・証	・誓い	・希少な	・またとない
・個性	・遊び心	・世界に1つの	・かけがえのない
・人生	・ときめき	・自分らしい	・引き立つ
・感動	・繊細な	・楽しい	・包み込む

解説

「0.01mm」と数字を出して技術の繊細さを示すことでジュエリーの質が感じられ、お客様の想いにも寄り添ったオーダーメイドを提供していく姿勢が表現できています。

「セカイ」や「あそぼう」といった言葉で、ジュエリーの世界の広がりや楽しさが感じられるキャッチコピーになっています。

「永遠」という言葉で、ダイヤモンドの「永遠の輝き」だけではなく、「永遠の愛」も感じさせるような、ドラマチックなキャッチコピーになっています。

金属アレルギー対応のジュエリーショップのキャッチコピーです。肌も安心できる輝きというお店のコンセプトが分かりやすく伝わってきます。

「本物」という言葉で、ただの結婚指輪ではなく、本当にいい結婚指輪を求める人に刺さるようなキャッチコピーになっています。

特別な日だけではなく、普段からジュエリーを身に付けて気分を上げたくなってくるキャッチコピーです。日常使いできるジュエリーブランドの参考になる表現です。

いい夫婦の日のCMで使われたキャッチコピーです。どんな日であっても、どんなに歳を取ろうとも、二人で一緒に人生を歩んでいくことへの証としてジュエリーの印象を上げるような表現になっています。

「おしゃれ」「被らない」「日本製」という具体的なキーワードで分かりやすくブランドの価値を表現しているキャッチコピーです。

一人の人生に寄り添う指輪というメッセージが、英語にすることでスマートに伝わってきます。一人ひとりに合わせたオーダーメイドジュエリーの価値が感じられます。

「世界に1つだけの」ではなく、「世界に二つとない」と否定形にすることでメッセージ性を強め、特別感やオンリーワンへのこだわりが表現できています。 数字

「ちょっとしたお出かけでも気軽に身に付けられるジュエリーが欲しい」というターゲットに向けたジュエリーブランドを想定したキャッチコピーです。

特別な日だけではなく、普段の日も気分を上げるためにもジュエリーを身に付けてもらえるような、ジュエリーのハードルを下げることを狙って制作したキャッチコピーです。

バッグ

機能的な価値＋気持ちの変化

　「大容量」「本革」「軽量」といったバッグの機能的な価値だけではなく、「大容量だから安心して買い物ができる」「本革のバッグで自信を持てる」「軽量だから身も心も軽くなる」といった気持ちの変化も描けると、よりバッグの魅力を伝えることができます。また、すでに世界観ができているブランドの場合は、その世界観に合わせたメッセージも効果的です。

キャッチコピー例

1 わたし想いのバッグ (Carrot Company)

2 タフな日常に、タフな相棒を。 (TRANSIC「GOLDMEN TOUGH」)

3 ビジネスも、トラベルも、スマートにきめる。
(TRANSIC「GOLDMEN TOUGH」)

4 行きも帰りも、身軽でいたい。 (エルグラン「KABAG Multi」)

5 持ち物を好きなだけ詰め込める、頼れる
大容量の本革シンプルトート。 (MURA「Genuine Leather Tote」)

6 夢さえも、お気に召すまま。
(FRUTTI「FRUTTI DI BOSCO　Jessica-Queen Cassis-」)

7 革の味わいを増すエイジング (濱野皮革工藝)

8 「運ぶを楽しむ」 (土屋鞄製造所)

9 働く自分が、好きになっていく。 (TRANSIC)

10 虹を架けるランドセル。 (カバンのフジタ)

11 入れたかったもの、ありませんか。 (サンプル自作)

12 どんな日も、そばにいた。 (サンプル自作)

こんな言葉もおすすめ！

・相棒	・使いやすい	・シンプル	・アクセント
・必須	・大人っぽい	・スマート	・入れる
・便利	・たっぷり	・スタイル	・頼れる
・収納	・馴染む	・オシャレ	・助かる
・機能的	・飽きない	・シーン	・味が出る
・お出かけ	・余裕な	・アイテム	・似合う

解説

バッグの特徴をいきなり伝える前に、「わたし想いのバッグ」のようなコンセプトをつくることで、よりバッグの魅力を伝えやすくなります。

「タフ」というバッグの特徴を伝えつつ、「男らしさ」「アグレッシブな日常を支える」というニュアンスも感じられるキャッチコピーです。ターゲットに合わせた言葉遣いにもなっています。 **リフレイン**

「仕事用でもプライベート用でも便利」という特徴をクールに表現しているキャッチコピーです。「きめる」という言葉で、ファッションアイテムとしても優れていることが伝わります。

サコッシュにもボストンバッグにも変形できるマルチバッグの魅力を「行きも帰りも身軽でいたい」というターゲットの気持ちに即して表現できているキャッチコピーです。買い物好きな方に刺さりそうな表現です。

「大容量」「本革」「シンプル」という特徴を入れてバッグの魅力を伝えられているキャッチコピーです。「頼れる」という言葉で、バッグの特徴を顧客の気持ちに即して表現できています。

高級感のあるバッグのキャッチコピー。「夢」という言葉で、憧れを手にできる特別感を抱かせる表現にできています。「お気に召すまま」など、高級感のあるトーンで表現できています。

革へのこだわりを感じさせるキャッチコピーです。革を寝かせる「エイジング」という工程を伝えることで、より革の上質感が伝わってきます。

ただモノを運ぶバッグではなく、楽しみまで運んでくれるというメッセージが伝わり、土屋鞄が提供する価値の大きさが伝わってくるキャッチコピーです。

好きなビジネスバッグがあるだけで、働くことが楽しくなる、働く自分自身を肯定できるようになっていくというニュアンスが感じられるキャッチコピーです。

虹色に光るランドセルが特徴の「カバンのフジタ」ならではのキャッチコピーです。「虹」という言葉で子どもたちの明るい未来も感じさせるような表現になっています。

大容量が売りのバッグを想定したキャッチコピーです。問いかけ型にすることで、バッグに興味を持たせるように表現しています。 **問いかけ**

バッグと人のストーリーを描いたキャッチコピーです。いつも共にするバッグだからこそ、こういったドラマ性のある表現も効果的です。

メガネ

メガネをかけた後の変化を描く。

そのメガネをかけたら、印象がどう変わるのか、日常がどう変わるのか、気持ちがどう変わるのか、その「変化」をなるべく具体的に描くことでより商品の魅力が伝わりやすくなります。また、そのメガネをターゲットに対してどういう言葉でおすすめするのかを想像してみることで、キャッチコピーのヒントが出てきやすくなります。

キャッチコピー例

1　人生に、額縁を。　　(Visio eye wear shop)

2　新しいわたしが、見えてくる。　　(Visio eye wear shop)

3　どんな世界を見せてくれるんだろう。　　(Visio eye wear shop)

4　ミル　ミラレル　　(メガネトップ/ALOOK)

5　クラシックは、ハズさない。　　(JINS「JINS CLASSIC」)

6　第二印象をかけるメガネ　　(JINS)

7　見つめているすべてが、人生だ。　　(JINS)

8　メガネは、小さな救命道具でもあるんです。　　(チトセメガネ)

9　見る力を、あなたの力へ　　(Zoff)

10　それゆけ、軽く。　　(眼鏡市場「ZEROGRA NEO」)

11　新しい表情をかけよう。　　(サンプル自作)

12　眼鏡が似合わないなんて、色眼鏡です。　　(サンプル自作)

こんな言葉もおすすめ！

- 知的
- 表情
- 別顔
- 印象
- 視界
- 世界

- 景色
- 快適
- 個性
- くっきり
- クール
- レンズ

- フレーム
- クリア
- スタイル
- 鮮明な
- 新鮮な
- 新しい

- 着替える
- 守る
- 馴染む
- 見える
- 映る

解説

メガネのフレームを人生の額縁と例えて、そのフレームから見える景色を人生の絵と表現しているようなキャッチコピーです。商品を例えてみることで、表現をジャンプすることができます。 `たとえ`

新しいメガネをかけることで、今まで見たことのない自分の姿にワクワクしてくるような、メガネ自体の魅力を表現しているキャッチコピーです。

新しいメガネをかけることで、そこから見える景色も変わってくる気持ちの変化を感じられるキャッチコピーです。「だろう」という語尾からも、新しいメガネへのワクワク感が感じられます。 `飛躍目的語`

メガネはモノを見るためだけではなく、同時に周りから見られるものであるというメッセージをカタカナでキーワード化して表現しているキャッチコピーです。きゃりーぱみゅぱみゅさんのキャスティングともマッチしたトーンになっています。

「新しいメガネにしたいけど自分に似合うかどうか不安」というターゲットに刺さりそうなキャッチコピーです。「ハズさない」という言葉に安心感を覚えながら、「メガネをはずさない」という言葉ともかかっているユニークな表現です。

いつもの自分が第一印象、メガネの自分が第二印象という、違った一面の自分を楽しめるメガネの魅力を伝えているキャッチコピーです。「第二印象」という造語もインパクトのある表現になっています。 `飛躍目的語`

JINSのブランディングCMで使われたキャッチコピーです。メガネの向こうにある人生のすべての景色に寄り添うというブランドメッセージが伝わります。

メガネをファッションアイテムとしてではなく、防災アイテムとして伝えることでインパクトを持たせているキャッチコピーです。いざ災害が起こった時のことを考えて、コンタクトではなくメガネにしておこうと考えさせるような表現です。

「本にのめり込む力」「ゲームに没入する力」「仕事に打ち込む力」など、日常のあらゆるシーンとメガネとの接点を「力」という観点から表現しているキャッチコピーです。メガネの価値に改めて気づかされます。

軽量なメガネの特徴を「前向きで軽やかな気持ちにさせてくれる」という価値として言い換えられているキャッチコピーです。軽いメガネをかけてアクティブに人生を楽しみたいと思わせるような表現になっています。

デザインが個性的なメガネを想定したキャッチコピーです。メガネ自体が自分の新しい表情になっていくことを表現しました。 `飛躍目的語`

「眼鏡は似合わない」と決めつけている人に対してアプローチしたキャッチコピーです。「眼鏡」と「色眼鏡」と合わせることでインパクトを持たせています。

マーケティング

次元の高さを強調する。

「売り上げがアップする」というような表現だけですと、他社と差別化しにくくなります。売り上げアップを期待させながらも、「結果が出るまで寄り添う」「上流工程から提案する」「プロの知見で効果を最大化させる」など説得力のあるサービスの特徴や姿勢をアピールすることが大切です。カタカナ語を使いすぎると意味が通じにくくなるので注意が必要です。

キャッチコピー例

1　0→1へ 1→10へ 「集客」を成長させていく
　広告とWebサイトを　　　　　　　　　　　　　　　　（五箱）

2　成果を生み出すWEBマーケティング施策と
　ホームページ制作　　　　　　　　　　　　　（ティ・シー・シー）

3　テクノロジーとクリエイティブで
　セカイをより良くする　　　　　　　　　　　　　　　（GIG）

4　デザインとWebマーケティングの
　経営課題の解決を伴走支援　　　　　　　　　　　（アライブ）

5　Break The Border　　　　　　　　　　　　　（ブレイク）

6　今を生き抜く、挑戦者とともに。　　　　　　　　（STAR）

7　ウェブマーケティング最適化で
　成果・効果の最大化を図ります　　　　　　（エース・フォース）

8　最高の戦略で高い目標を達成する　　　　　　　（NIBAL）

9　つながるが加速する　　　　　　　　　　　　（プレグロ）

10　あの手、この手を、1つの手で。
　　　　　　　　　　　（第60回宣伝会議賞協賛企業賞 シャノン）

11　欲しい人に届ける。欲しい人をつくる。　　（サンプル自作）

12　「ウェブが弱い」を、終わらせよう。　　　　（サンプル自作）

こんな言葉もおすすめ！

・戦略	・提案	・伴走	・ベスト
・設計	・達成	・挑戦	・超える
・制作	・目標	・最大化	・寄り添う
・運用	・効果	・デジタル	・つなげる
・集客	・結果	・パートナー	・加速させる
・成長	・成果	・ビジネス	・届ける

解説

「0→1」「1→10」と数字を使うことで、新しい施策の提案と運用による効果の最大化を分かりやすく表現できているキャッチコピーです。分かりにくい説明の時は数字を使うことも効果的です。 **数字**

「成果を生み出す」という効果と「WEBマーケティング施策とホームページ制作」という手段を分かりやすく示しているキャッチコピーです。何ができるのかサービス内容をはっきり示すことも、ウェブマーケティングのキャッチコピーでは効果的です。

「テクノロジー」「クリエイティブ」という言葉で、最新の技術力とデザイン力を兼ね備えていると感じさせるようなキャッチコピーです。「セカイ」とスケールの大きい言葉を使うことで、企業の規模感や信頼感も感じられます。

商品の売り上げアップだけではなく、経営課題といった上流領域までサポートできることを伝え、信頼感を抱かせているキャッチコピーです。

企業の勢いが感じられるキャッチコピーです。社名と合わせて企業の色を表現することで、より独自性のある表現にできています。

ただ企業に寄り添うだけではなく、企業の挑戦を力強く後押ししてくれるような、心強さまで感じられるキャッチコピーです。

「最適化」「最大化」という言葉で、効率的に売り上げを上げてくれる、今の施策をブラッシュアップしてくれるという印象を覚えるキャッチコピーです。

上流工程から伴走できることが伝わるだけでなく、「高い目標」という言葉で他よりもレベルの高い提案を行ってくれることを期待させるようなキャッチコピーです。

商品や情報を欲しい人へ次々とつなげてくれるというサービス価値が伝わるキャッチコピーです。「つながる」という言葉で販路拡大についても期待させるような表現にもなっています。

マーケティングオートメーションに強みがある企業のキャッチコピーです。あらゆるアプローチで集客を一気に叶えてくれる商材の価値を「手」という言葉を軸にしてまとめられています。

ただ商品の宣伝をするだけではなく、新しいマーケットや新しい顧客までつくれるウェブマーケティング会社を想定したキャッチコピーです。 **リフレイン**

「うちはウェブが弱い」と考えている企業の悩みをそのままキャッチコピーに入れることで、よりターゲットに刺さりやすい表現を狙って制作しました。

クリエイティブ

41
Industry

何を作り出すのか。

　クリエイティブ系の企業のキャッチコピーでは「何を作り出すのか」「何のために作るのか」を示しているものが多いです。ただデザインをするのではなく、そのデザインによってどんな価値を生み出すのか、その先の価値まで表現できると説得力や信頼感が増していきます。また、どのようなクリエイティブを得意としているのかも併せて伝えると差別化しやすくなります。

キャッチコピー例

1	あ、この感じ、好き。	(web design aoi／あおい)
2	つくることで、超えていく。	(電通クリエーティブX)
3	描くのはCXの新未来。	(電通クリエーティブキューブ)
4	デジタルで、新しい前例をつくっていく。	(博報堂プロダクツ)
5	アイディアを湧かせて、世の中を沸騰させたい	(博報堂ケトル)
6	あなたのブランドはストーリーで強くなる。	(STORIES)
7	つくる。その喜びで、生きる。動かす。	(たきコーポレーション)
8	クリエイティブに冒険を	(クリエイティブ・マインド)
9	感情や体験をデザインするブランディングファーム	(ブランディングファーム ブランコ)
10	心動かす価値を見つける。創る。伝える。	(北海道クリエイティブ)
11	独創支援。	(サンプル自作)
12	想いに、取手を。	(サンプル自作)

こんな言葉もおすすめ！

・戦略	・創造	・ストーリー	・伝える
・感動	・表現	・ブランド	・動かす
・感性	・体験	・アイデア	・愛される
・価値	・気持ち	・コミュニケーション	・刺激する
・発想	・想い	・作る	・共感する
・想像	・メッセージ	・生み出す	・解き放つ

解説

見た瞬間にいい印象を与えるホームページ制作というコンセプトが、ホームページの訪問者のセリフで表現することで分かりやすく伝わってくるキャッチコピーです。

期待を超えるのか、常識を超えるのか、あえて明言しないことで想像を膨らませるようなキャッチコピーで、企業の勢いやクリエイティブへの情熱を感じられます。

「CX＝顧客体験」という具体的なキーワードを入れることで、キャッチコピーに軸が出ています。「未来」ではなく「新未来」とすることで、未知の領域を切り拓く挑戦心が伝わってきます。

「デジタル領域を得意としている」「デジタル分野に新しい可能性を生み出している」という意味が一気に伝わってくるキャッチコピーです。「前例」「常識」「固定観念」などは「挑戦」を引きたてる便利な言葉です。

社名の「ケトル」とも合わせながら、「世の中を驚かせるコンテンツづくり」というコンセプトが分かりやすく伝わってくるキャッチコピーです。　　**対句**

ストーリー作りに強みがあることが伝わってくるキャッチコピーです。いいブランドづくりのためにもストーリー作りの重要性が感じられる表現です。

企業のパーパスとして使われているキャッチコピーです。つくることに喜びを見いだし、それを原動力として世の中を動かしていくというメッセージが感じられます。

「冒険」という言葉で、今までなかったクリエイティブへの挑戦がワクワクするトーンで伝わってきます。面白いものを作りたいと思っている企業に刺さりそうな表現です。

「感情や体験をデザインする」とブランディングを分かりやすく定義しているキャッチコピーです。表面的ではなく内面に響くブランディングを期待させるような表現です。

「見つける」という言葉で、クリエイティブの元となる価値の発見までサポートできることが伝わってくるキャッチコピーです。その企業ならではのクリエイティブを作ってくれるという期待感を覚えます。

他にはないものを作ることにこだわりがあるクリエイティブ企業を想定したキャッチコピーです。唯一無二のコンテンツを求める企業に刺さるように表現しました。

企業の想いを伝えるためのとっかかりとなるクリエイティブを「取手」という例えで表現したキャッチコピーです。たとえは、表現をジャンプさせるテクニックとして効果的です。　　**たとえ**

物流

突き進む力強さ or つなげる真摯さ

　物流企業のキャッチコピーは、迅速さや信頼感が伝わる力強いトーンと、人の想いをつなげるというハートフルなトーンと大きく2つにわかれている傾向があります。ネットワークの広さや輸送の品質、技術力を伝えるのであれば前者。地域とのつながり、顧客への想い、サービス精神を伝えるのであれば後者のトーンを目指すといいでしょう。

キャッチコピー例

1 琉球に、絆を繋ぐ架け橋を。 （琉2加勢）

2 未来より先に動け。 （ヤマトホールディングス）

3 真っ先をゆけ。 （NIPPON EXPRESSホールディングス）

4 物流にひらめきを （ライフサポート・エガワ）

5 We Drive DREAMS （大和物流）

6 最適物流をデザインする会社 （アルプス物流）

7 安心と未来を運びます （新三協物流）

8 人と人をつなぐ物流を目指して （共同物流）

9 安心・確実・迅速 （王子物流）

10 ワンストップサービス。 （新日本物流）

11 届ける、以上のものを。 （サンプル自作）

12 どこまでも、つなげていく。 （サンプル自作）

こんな言葉もおすすめ！

- 橋
- 道
- 人
- 最短
- 安心
- 挑戦

- 信頼
- 先頭
- 迅速
- 柔軟
- 流れ
- 想い

- スマート
- ワンストップ
- ソリューション
- イノベーション
- ネットワーク
- パートナー

- つなぐ
- 届ける
- 送る
- 動く
- 乗せる
- 走る

解説

沖縄の物流に貢献していくという地域密着型のサービスが感じられる、社名とも合わせたキャッチコピーになっています。「絆」「架け橋」という言葉で沖縄とのつながりを強調しています。

「未来に向かう物流」ではなく「未来よりも先を行く物流」と位置付けることで、より最先端サービスへの挑戦心が強く感じられます。比較対象を大きくすると、キャッチコピーにインパクトが生まれます。

「迅速」「力強さ」「最先端」というニュアンスが「真っ先」という言葉に凝縮されているキャッチコピーです。短くてシンプルなキャッチコピーほどインパクトが出やすくなります。

アイデアのある物流サービスを提供するという、プロの知見を感じさせるキャッチコピーです。「〜に、〜を。」という型はキャッチコピーでよく使われます。

お客様の期待まで運んでいることが、分かりやすい英語で表現することでスマートに伝わってくるキャッチコピーになっています。

無駄のない、効率的な物流サービスを提案してくれることが伝わってくるキャッチコピーです。コスト面も最大限に配慮してくれそうな印象を覚えます。

確かに届く「安心」、新しい価値をつくる「未来」、という2つの使命が一気に伝わってくるキャッチコピーです。目的語を大きくすることで企業の想いまで見えてきます。

飛躍目的語

「人」という言葉を入れることで、ただモノを届けるのではなく、人のためにモノを届けるというサービス精神まで伝わってくるキャッチコピーです。

キーワードを並べるだけでもキャッチコピーになることがあります。「うまい、やすい、はやい。」の吉野家のキャッチコピーのように、語感の近いキーワードを並べることで印象深い表現になります。

「ワンストップ」は使われがちな言葉ではありますが、このように一言だけで表現されると説得力が増します。あらゆる物流手段を提供する企業ならではのキャッチコピーです。

ただ届けるだけではなく、プラスαの価値を付けていくという物流企業を想定したキャッチコピーです。

ネットワークが大きい物流会社を想定したキャッチコピーです。あらゆる手段を駆使してどんなところにもモノを届けていく姿勢を力強く伝える表現を狙って制作しました。

製造

その製造物がどう社会に貢献しているのか。

メーカーのキャッチコピーは「未来」「世界」などスケールの大きい言葉を使って企業の存在意義や使命を表すパターンと、「品質」など製造物そのものにフォーカスを当てているパターンがあります。前者の場合は、社会とのつながりを具体的に描くこと、後者の場合は「なぜ品質にこだわるのか」という想いも込めることを意識することで、オリジナリティのあるキャッチコピーになっていきます。

キャッチコピー例

1 **行こう、革新の向こうへ。** （京セラ）

2 **おどろきのセラミック技術で、未来を支えていく。** （日本ガイシ）

3 **中から、世界をよくしよう。** （村田製作所）

4 **未来をどこまで想像できるか。** （TDK）

5 **日本のものづくりを根底から支える** （汽罐部品製造）

6 **わたしたちは、幸せを量産する。** （トヨタ自動車）

7 **How we move you.** （本田技研工業）

8 **機械部品の名脇役** （協栄金属工業）

9 **最高品質を実現し、信頼されるモノづくりを。** （コベルク）

10 **未来は、見えないパーツの集合体だ。** （第59回宣伝会議賞協賛企業賞 島津製作所）

11 **足りない部品は、ここにある。** （サンプル自作）

12 **「なくてはならない」を、次々と。** （サンプル自作）

こんな言葉もおすすめ！

・腕	・量産	・機能	・社会
・形	・部品	・研鑽	・暮らし
・信頼	・品質	・環境	・ものづくり
・技術	・未来	・進化	・創る
・開発	・安心	・発明	・拓く
・生産	・世界	・職人	・驚く

解説

社会の進化へ貢献していく姿勢が感じられるキャッチコピーです。「行こう」と呼びかけることで、自分たちだけではなく、みんなで一緒にいい未来を創り上げていく印象も覚えます。

「おどろきのセラミック技術で」と手段を明確にすることで企業らしさを表現しつつ「未来を支えていく」で社会の発展やインフラを支えていく企業の使命が感じられるキャッチコピーです。

「中から」という言葉で部品メーカーらしさを表現しつつ、「世界をよくする」と企業の使命と合わせることで、ものづくりの情熱まで感じられるキャッチコピーです。

「未来を創造する」ではなく「どこまで想像できるか」と問いかけ型のキャッチコピーにすることで、新しいものづくりへの挑戦心が感じられます。社内向けのスローガンとしても機能しそうです。

「根底」という言葉で、社会の土台となるものづくりを手掛けていることが伝わってきます。力強さやクールさを感じるトーンで、製品の品質まで感じられる表現です。

企業のミッションとして使われているキャッチコピーです。「量産する」という言葉で、企業の使命の大きさや提供する価値の大きさが分かりやすく伝わってきます。

「The Power of Dreams」というスローガンが再定義された際に付け加えられたキャッチコピーです。モビリティへの可能性を感じさせるような表現になっています。

どのような部品を作っているのかを「名脇役」と分かりやすく例えて表現しているキャッチコピーです。たとえは表現をジャンプさせるテクニックとして効果的です。

「最高品質」という言葉をはじめに持ってくることで、品質へのこだわりがストレートに感じられるキャッチコピーです。技術力への自信を感じます。

未来と部品のつながりをうまく表現しているキャッチコピーです。「言われてみればそうかもしれない」と共感させるような表現で説得力を持たせています。

小ロットでお客様に合わせた部品を提供するメーカーを想定したキャッチコピーです。どこにもない部品を提供することに誇りを持っていることが伝わるように表現しました。

重要なパーツを作っているメーカーを想定したキャッチコピーです。「次々と」という言葉で挑戦心も感じさせるように表現しました。

システム

つながった先にあるものを考える。

　システム系の企業のキャッチコピーでよく使われる言葉は「つながり」です。情報の
つながりから人のつながりまで表現できる言葉ですが、つながった先に何があるのか、
その先の価値をより具体化していくと、差別化しやすくなっていきます。また、どのよ
うなシステムを得意としているのかも合わせて考えることで、よりその企業ならではの
キャッチコピーになっていきます。

キャッチコピー例

1　ICTる？
(NTT東日本)

2　本当に、つながってる？
(セールスフォース・ジャパン「Salesforce Customer 360」)

3　ITは、思いやりから生まれる。
(リウコム)

4　「意識しない」をつくる
(ディ・アイ・システム)

5　先、いきます！
(フォーサイトシステム)

6　ブラック企業をやっつけろ
(ロックシステム)

**7　技術とチームワークで、
明日のビジネスを進化させる。**
(オリックス・システム)

8　人と人の繋がりの間にITがある
(トラストシステム)

9　システムを共にプレイングする
(英揮情報システム)

10　新しい世界は、雲の上にある。
(第57回宣伝会議賞協賛企業賞 FIXER「cloud.config」)

11　それは、システムの仕事です。
(サンプル自作)

12　攻めるための、情報セキュリティ。
(サンプル自作)

こんな言葉もおすすめ！

・効率	・一元化	・ニーズ	・プラットフォーム
・一貫	・最大化	・デジタル	・イノベーション
・構築	・最適化	・パートナー	・コミュニケーション
・成長	・技術革新	・ビジネス	・DX
・進化	・仕組み	・ワンストップ	・次の
・最新	・つながり	・ソリューション	・新しい

解説

「ICT」と「愛してる」を合わせたユニークなキャッチコピーです。ICTというクールな言葉に「愛」というハートフルな言葉を組み合わせる面白さがあります。また、問いかけ型にすることで興味を持たせる工夫も感じられます。

ITツールをあまりうまく使いこなせていない企業に刺さるような問いかけ型のキャッチコピーです。顧客情報を一元化できる「Salesforce Customer 360」ならではの表現にもなっています。 問いかけ

「IT」というクールな言葉と「思いやり」というハートフルな言葉を組み合わせてインパクトを持たせているキャッチコピーです。お客様の想いを汲み取ってITで悩みを解決していく姿勢が感じられます。

「システムによる効率化」の本質的な価値を伝えているキャッチコピーです。システムのことを意識しないほどスムーズな働き方に変わっていくというシステム開発の価値を伝えられています。

「先」という言葉が印象的なキャッチコピーです。時代の先を行く、お客様の期待の先を行くなど様々な価値が感じられ、かつ企業の勢いも感じられます。

キャッチコピーのコツとして「敵をつくる」というのがあります。働き方を改善するシステムの価値を引き立てるために、「ブラック企業」という敵をつくることでよりインパクトのある表現になっています。

「チームワーク」という言葉で、グループ一体となって悩みを解決してくれる安心感を覚えます。また「未来のビジネス」ではなく「明日のビジネス」と言うことで、すぐに便利になるシステムを提案してくれることも感じられます。

「人」を大事にしていることが伝わってくるキャッチコピーです。しっかり寄り添ってサポートし、こちらの要望を汲み取ってくれるサービス精神が感じられます。

ただシステムを作って終わりではなく、本当にそのシステムがビジネスで機能するかどうかまで寄り添ってくれることが「プレイング」という言葉から伝わってきます。

「これからはクラウドの時代だ」というメッセージが感じられるキャッチコピーです。「クラウド」を文字通りの「雲」として表現することでインパクトを持たせています。

「無駄な仕事はシステムにやらせて、本来の仕事を社員にさせましょう」という意味を込めたキャッチコピーです。業務効率化ができるシステムを提供する企業を想定しています。

これからDXなどシステムに力を入れようとしている企業が、まずはその地盤を固めるために情報セキュリティを見直したくなるようなキャッチコピーを狙って制作しました。 反対語

化学

進化を描くか、日常の安心を描くか。

　化学メーカーのキャッチコピーは大きく2つの方向性があります。1つ目が「進化」にフォーカスを当てたもの。新しい技術を次々と生み出していく企業に合った切り口です。2つ目が「安心」にフォーカスを当てたもの。「実はわたしたちが安心できる日常を支えている」というような切り口です。自分たちの化学製品が生み出している価値は何かを具体的に考えてみましょう。

キャッチコピー例

1 **カガクでネガイをカナエル会社** （カネカ）

2 **化学を超えろ。** （DIC）

3 **かがくの夢、くらしの中に。** （住友化学）

4 **昨日まで世界になかったものを。** （旭化成）

5 **愛せる未来、創造中。** （ダイセル）

6 **世界が知らない世界をつくれ** （マイクロ波化学）

7 **あなたの半径50cm以内にも。
ね、石原のカガク。** （石原産業）

8 **検査の進化で、
人々の幸せと笑顔を支えていく。** （栄研化学）

9 **明日のしあわせを化学する** （東ソー）

10 **目に見えない安心にとことんこだわる** （タケヤ化学工業）

11 **進化学** （サンプル自作）

12 **カガクでエガク。** （サンプル自作）

こんな言葉もおすすめ！

・力	・技術	・想像	・画期的な
・生活	・素材	・融合	・役立つ
・進化	・未来	・化学反応	・支える
・社会	・環境	・暮らし	・生み出す
・産業	・研究	・サイエンス	・つくる
・知恵	・世界	・豊かな	・化ける

解説

「カネカ」という社名の頭文字も活かしているキャッチコピーです。「社会貢献」を「ネガイをカナエル」と言い換えることで、化学が魔法のようにも思えてくる表現になっています。

「超えろ」という言葉が印象的なキャッチコピーで、化学の領域を超えるような挑戦心が力強く感じられます。短く言い切ることでインパクトを持たせられています。

いつもの暮らしを支えていることが伝わるだけではなく、「夢」という言葉でワクワクする未来までこっそりと支えていることが伝わってきます。

「明日の世界をつくるもの」ではなく、「昨日まで世界になかったもの」と逆説的に表現することでインパクトを持たせています。新しい世界を今日も支えているという企業の熱意が伝わってきます。

「愛せる未来」という言葉で、ただの未来ではなく、環境に優しい未来というニュアンスも感じられます。また「創造中」と現在進行形の言葉を使うことで、この瞬間も未来を創っているというゾクワク感まで伝わってきます。

「これまでにないものを生み出していく」という挑戦心が伝わってくるキャッチコピーです。「世界」という言葉を重ねることでインパクトを持たせつつ、挑戦のスケールの大きさが伝わってきます。

「あなたの半径50cm以内」と数字を使って具体的に言うことで、一気に石原産業を身近に感じられるキャッチコピーになっています。

「検査の進化で」と手段を明確にすることでオリジナリティのあるキャッチコピーになっています。技術で得意領域がある場合には、手段をはっきり示すことも効果的です。

身近な幸せを支えていることが「明日」という言葉で伝わってきます。「化学する」という終わり方にすることで、「化学」が頭に残りやすいキャッチコピーにもなっています。

技術の質を感じさせるキャッチコピーです。目に見えないものだからこそ、厳しく品質管理を行っているという企業のプロ意識が感じられます。

「進化」と「化学」という言葉を縮めてキーワード化することで、インパクトを持たせたキャッチコピーです。キャッチコピーは文だけではなく名詞化することでも浸透しやすい言葉になりやすいです。

韻を踏んで表現したキャッチコピーです。表現が固くなった時は語頭や語尾を合わせてリズミカルにできないか考えてみるのも1つの手です。

コンサルティング

伴走の安心感を伝えるか、テーマを提示するか。

　コンサルティング企業のキャッチコピーは、経営者にしっかり寄り添ってサポートをする「安心感」を伝えるパターンと、「人事」「DX」「新規事業」などテーマを絞ってどんなことが解決できるかを伝えるパターンと大きく2つに分かれています。献身的な姿勢を見せたい場合には前者、得意領域がある場合には後者と、自社の強みと併せて考えるといいでしょう。

キャッチコピー例

1. 「コンサルの人」じゃなくて、「助けてくれる人」でありたい （仙台インタラクティブデベロップメント）

2. その変革が、ビジネスの可能性を切り拓く （アクセンチュア）

3. モチベーションを切り口にした組織人事コンサルティング （リンクアンドモチベーション）

4. 粋だから、変革できる。しなやかだから、生き残れる。 （レイヤーズ・コンサルティング）

5. そのDXは、企業価値を上げていますか （リブ・コンサルティング）

6. 世界を変える仕組みを創る （ビジョン・コンサルティング）

7. PRODUCE NEXT （ライズ・コンサルティング・グループ）

8. ともに、実現する。 （山田コンサルティンググループ）

9. ともに、築く　ともに、描く （ワット・コンサルティング）

10. あらゆる課題は、人で解決する。 （アクシスコンサルティング）

11. 確信できる、経営を。 （サンプル自作）

12. 第三者の、第一人者。 （サンプル自作）

こんな言葉もおすすめ！

- ・軸
- ・経験
- ・解決
- ・経営
- ・戦略
- ・視野

- ・最大
- ・成果
- ・価値
- ・成功
- ・事業
- ・成長

- ・変革
- ・実行
- ・パートナー
- ・エキスパート
- ・アイデア
- ・ともに

- ・マネジメント
- ・寄り添う
- ・向き合う
- ・支える
- ・遂行する
- ・乗り越える

解説

「コンサル」という肩書を超えた献身的なサービスで経営者を支えていく姿勢が感じられるキャッチコピーです。否定をはさむことで、よりメッセージを強めています。　**否定強調**

企業の挑戦を後押しするようなキャッチコピーになっています。一緒に新しいビジネスに向けて動き出したくなるような表現です。

どのようなコンサルティングができるのかを分かりやすく示しているキャッチコピーです。モチベーションアップに強みがあり、人事領域を軸にコンサルティングを行ってくれることが伝わってきます。

「粋だから」「しなやかだから」と「変革できる」「生き残れる」と対句にすることでインパクトを持たせているキャッチコピーです。「企業存続のためのヒントが得られそうだ」と興味を持たせるような表現になっています。　**対句**

DXであまり成果を出せていない企業に刺さりそうなキャッチコピーになっています。DXとどのように向き合えばいいのかヒントが得られそうな印象を覚えます。　**問いかけ**

「世界」という言葉を使うことで、グローバル展開をしている規模の大きい企業にもターゲティングできているキャッチコピーです。

シンプルな英語表記で、頼りがいを感じさせるキャッチコピーです。企業を次のステージにリードしてくれるような印象を覚えます。英語のキャッチコピーを作る際は、ただ直訳するのではなく分かりやすいワードを使うことがポイントです。

ただ寄り添うだけではなく、目標達成まで本気で向き合ってくれることがイメージできるキャッチコピーです。パートナーとしての信頼感を抱かせる表現です。

「ともに」という言葉を繰り返すことで、伴走型のコンサルティングサービスを強調しています。また「築く」という言葉で、建設業界の人事領域に強みがある企業らしさも表現できています。　**リフレイン**

「人材こそあらゆる課題に直結する大切な領域である」というメッセージが伝わり、人の観点から経営課題を見直してみたくなるようなキャッチコピーになっています。

今まで手探り状態で行ってきた経営も、プロが寄り添ってくれるからこそ、自信を持って経営判断ができるようになるという、経営者の気持ちの変化を描いたキャッチコピーです。

信頼できる第三者が経営について助言してくれる安心感を表現したキャッチコピーです。信頼できるパートナーを探している経営者に刺さるようなキャッチコピーを狙って制作しました。

47
Industry

観光

観光客の気持ちの変化を描く。

　自然、歴史、食など観光地によってアピールしたいことはそれぞれあると思いますが、その観光地に行くまでのワクワク感、旅行後の気持ちの変化など、気持ちの面にフォーカスを当てると共感されるキャッチコピーになっていきます。どの観光地でも言える表現ではなく、「確かにここならこういう気持ちになる」と共感できるように具体的に描写できるとベストです。

キャッチコピー例

■1　そうだ 京都、行こう。　　　　　　　　　　　　　　　　　　　（JR東海）

■2　いざいざ奈良　　　　　　　　　　　　　　　　　　　　　　　　（JR東海）

■3　検索より、探索。　　　　　　　　　　　　（JR東日本「FUN!TOKYO!」）

■4　行くぜ、東北。　　　　　　　　　　　　　　　　　　　　　　（JR東日本）

■5　ベストシーズンは、春夏秋冬です。高尾山
　　　　　　　　　　　　　　　　　　　　　　　　　　　　　　　（京王電鉄）

■6　しまっておいた日本がある。　　　　　　　　　　　　　　　　（岩美町）

■7　めぐるたび、私が見つかる。　　　　　　　　　　　　　　　（山中温泉）

■8　手のひらの小さな画面を覗き込んでいた私を
　　上に向かせてくれた桜です。　（JR東海「そうだ 京都、行こう。」）

■9　うどん県　　　　　　　　　　　　　　　　　　　　　　　　　（香川県）

■10　シガリズム　　　　　　　　　　　　　　　　　　　　　　　（滋賀県）

■11　すげえ、ぜっけえ。　　　　　　　　　　　　　　　　　（サンプル自作）

■12　1日じゃ、食べつくせない。　　　　　　　　　　　　　（サンプル自作）

こんな言葉もおすすめ！

・心	・景色	・息抜き	・知る
・旅	・自然	・街並み	・食べる
・道	・歴史	・ぶらぶら	・見つける
・人	・発見	・のんびり	・知らない
・記憶	・癒やし	・おいしい	・歩く
・時間	・思い出	・おみやげ	・巡る

解説

ふと思い立って京都に行きたくなるような、京都観光のハードルを低くしているキャッチコピーです。ちょっと疲れた時に京都の歴史や自然に癒されにいくというストーリーがこの1行で伝わってきます。

「歴史情緒あふれる奈良へ、大人になった今こそ」という気持ちが「いざいざ」という言葉で感じられるキャッチコピーです。「いざ」と「なら」の組み合わせもよく、印象に残りやすい表現になっています。

「どれだけネットで観光地を検索しても、やっぱり行ってみないと現地の魅力には気づけない」というメッセージが伝わってくるキャッチコピーです。「検索」を引き合いに出すことで、より「探索」の魅力が感じられます。 **韻**

東日本大震災後から実施されている東北観光キャンペーンのキャッチコピー。「行くぜ」という言葉に「東北を観光で応援しにいく」という力強いメッセージが感じられ、東北を盛り上げるような表現になっています。

「ベストシーズンは」というフリで「どの季節かな？」と連想させ、「春夏秋冬です」と予想を裏切るオチにすることでインパクトを持たせているキャッチコピーです。読み手の予想を裏切るような表現にするとインパクトが出てきます。

「隠れていた」「知らなかった」ではなく「しまっておいた」という言葉で、「とっておきの日本の魅力」というニュアンスが伝わってきます。

自分を見つめ直す時間がなかった人が、温泉で癒やされることで本来の自分を思い出せるようになるというメッセージが伝わり、癒やし以上の価値を感じられるキャッチコピーです。

スマホを見ている人が京都の桜の美しさに気づくという自然の魅力に気づかせるようなキャッチコピーになっています。視界が広がっていくような気持ちの変化をうまく伝えられています。

県名を改名するような表現も、観光のキャッチコピーには多いです。名前をもじることでインパクトを残しやすく、またキャンペーン展開もしやすくなります。

滋賀県で自分のリズムを整えていくような、心地よさを感じるキャッチコピーです。「シガリズム」と造語にすることで、キャンペーンとして統一性を持たせやすくなります。

観光客の気持ちをリアルに描くだけでも十分インパクトを持たせることができます。また、韻を踏むことでインパクトを持たせて表現しています。 **韻**

グルメに魅力がある街を想定したキャッチコピーです。1日では足りないほどおいしい食べ物がたくさんあるという意味を込めました。

キャッチコピーに、句読点はいるのか。

「まだ、ここにない、出会い。（リクルート）」「おいしい生活。（西武百貨店）」など、有名なキャッチコピーをよく見てみると、「、」や「。」が付けられていることが多いです。どうしてわざわざ一行のために句読点が付けられているのか、その理由をいくつか挙げてみます。

①読みやすくなる

「まだここにない出会い」と「まだ、ここにない、出会い。」を見比べた時に、読みやすいのは後者ではないでしょうか。前者はひらがなが続いて読みにくくなっていますが、後者は区切りが明確になることでパっと意味を理解できます。

②メッセージ性が強くなる

とくに「。」を付けることで、「言い切ってる感」を出すことができます。「世界を変える」ではなく「世界を変える。」と句点を付けることで、ただの標語ではなく、人が力強く話しているような印象を与えることができます。

③リズムが良くなる

「うまい、やすい、はやい。」「自然を、おいしく、楽しく。」のように、句読点で単語を1つ1つ区切ることで、リズミカルに表現することができます。韻を踏んだ表現にしたい場合に句読点は効果的です。

句読点はメリットばかりではありません。例えば、SNSの「#」（ハッシュタグ）と合わせて使えなくなることや、若い方には少し堅苦しいトーンになるなどデメリットもあるので、与えたい印象に合わせて検討するといいでしょう。

第 2 章

キーワード別キャッチコピー

笑顔 鉄板ワード

幸せな様子がすぐ想像できる言葉。

　「幸せ」という言葉よりも、より人の気持ちがリアルにイメージできる言葉が「笑顔」です。業界問わず汎用性の高い言葉ですが、よく使われるがゆえに埋もれやすいので注意が必要です。まずは「笑顔」という言葉を使わないで具体的に商品の価値を表現できないか考えてみたうえで、最終手段として「笑顔」を入れることを検討しましょう。

キャッチコピー例

1. 笑顔は、コーヒーのそばにある （アフィントンパフェ）

2. 笑顔から、はじめよう。 （江崎グリコ）

3. 輝く笑顔は、口元から。 （クラシエフーズ「FRISK WHITE」）

4. 笑顔を、ここから。 （日本コカ・コーラ）

5. 笑顔って、暖房だ。 （ユニクロ 新ヒートテック「10万人応援プロジェクト」から一部抜粋）

6. プレゼントひとつで、笑顔はふたつ。 （PARCO）

7. ママのことばが子どもを育てる。
子どもの笑顔がママを育てる。 （KUMON「Baby Kumon」）

8. キミの笑顔が、旅の目的地です。 （JR東日本×ANA「ピカ乗りサマー2010」）

9. お気に入りを着ていれば、
作った笑顔は必要なくなる。 （LUMINE）

10. 飲んだ人の笑顔は、
100年前から変わらない。 （第54回宣伝会議賞協賛企業賞 霧島酒造）

11. 作り笑顔より、本物の笑顔。 （サンプル自作）

12. 難しい顔を、笑顔にする。 （サンプル自作）

こんな言葉もおすすめ！

・表情	・キラキラ	・調子いい	・届ける
・満開	・ワクワク	・大きな	・上がる
・最高	・ニコニコ	・晴れやか	・ときめく
・世界	・スマイル	・輝く	・あふれる
・上機嫌	・気分いい	・咲く	・生まれる
・絶好調	・心地いい	・笑う	

解説

「おいしいコーヒーを飲むと自然と笑顔になる」というメッセージが感じられるキャッチコピーです。カフェを満喫している人の姿がイメージできます。「〜は、〜にある」という表現の型はキャッチコピーでよく使われます。

グリコの社会貢献活動のスローガンとして機能しているキャッチコピーです。「人が笑顔になることを始めよう」というポジティブなチャレンジが伝わってきます。このようなスローガンがあると社会貢献活動にも軸が出てPRしやすくなります。

口元がスッキリすれば、自然と晴れやかな気分になっていくというメッセージが伝わってくるキャッチコピーです。フリスクから日常の幸せが始まっていくような、商品の価値の広がりが感じられる表現です。

自動販売機のキャッチコピーです。何気なくある自動販売機も、このキャッチコピーを見るとうれしい存在に思えてくる、そんな自動販売機の見方を変えさせてくれる表現です。

寒い冬でも笑顔を見れば心が温かくなる。その笑顔をユニクロがつくっていくというメッセージが感じられるキャッチコピーです。「〜って、〜だ」という型はキャッチコピーでよく使われます。

クリスマスキャンペーンでのキャッチコピー。プレゼントをあげることで、あげる側ももらう側も幸せになれることが「ひとつ」「ふたつ」と数で対比させることで分かりやすく伝わってきます。 `数字` `対句`

親が子どもを育てているようで、子どもの笑顔が親を育てていると逆説的に表現することでインパクトを持たせているキャッチコピーです。何かを逆転させて表現できないか考えることで斬新なキャッチコピーができるかもしれません。 `対句`

家族向けの旅行キャンペーンのキャッチコピーです。目的地を子どもの「笑顔」と表現することで、インパクトを持たせています。 `飛躍目的語`

「お気に入りの服を着ていれば自然と笑顔になる」というメッセージを、「作った笑顔は必要なくなる」と否定文にすることでインパクトを持たせています。メッセージを強めるのに否定文は効果的です。

「霧島酒造のおいしさは、100年前から変わらない」ではなく「飲んだ人の笑顔は、100年前から変わらない」とお客様を中心にした表現にすることで共感しやすいキャッチコピーになっています。

笑顔の中でも自然な笑顔を強調することで、安心感や幸福感を描いたキャッチコピーです。アパレルやコスメなどで使える表現を狙って制作しました。

煩雑な仕事を便利にする商品などで使えるキャッチコピーを狙って制作しました。表情の変化を伝えることで、商品の効果を分かりやすく示しています。

未来 鉄板ワード

新しい挑戦とスケールの大きさが伝わる言葉。

　革新的な挑戦、影響力の大きさ、想いの大きさが伝わってくる言葉が「未来」です。現状の課題だけではなく、この先のことも見据えた挑戦や、最先端の技術やサービスについて強調したい時に便利な言葉ですが、この言葉に頼りすぎると漠然としたキャッチコピーになりやすくなります。具体的なメッセージの中で活用することで効果的な表現になります。

キャッチコピー例

1 **行き先は、新しい未来。** (JR東日本)

2 **未来のキップを、すべてのひとに。** (JR東日本)

3 **ひとつの空の下に、いくつもの未来を。** (LUMINE)

4 **未来を、試着しよう。** (伊藤忠商事)

5 **今日を愛せるだけでなく、未来を愛せる家を。** (旭化成ホームズ「ヘーベルハウス」)

6 **さりげなく、未来です。** (日本コカ・コーラ)

7 **未来は勝手に進まない。進めてきた人たちがいる。** (朝日新聞社+京都女子大学+昭和女子大学+女子美術大学+ロングライド+ライフクリエイト／連合企業広告「国際女性デー 2021」)

8 **ひとつずつですが、未来へ。** (JT)

9 **おそいぞ、未来。** (第57回宣伝会議賞協賛企業賞 京セラ)

10 **未来の乗り物ではなく、未来をつくりたい。** (第57回宣伝会議賞協賛企業賞 本田技研工業)

11 **あなたの未来まで、愛してる。** (サンプル自作)

12 **未来は、今だ。** (サンプル自作)

こんな言葉もおすすめ！

- 先
- 前
- 革新
- 進化
- 創造
- 想像

- 実現
- 技術
- 次世代
- 新時代
- 子どもたち
- これから

- ビジョン
- アップデート
- 新しい
- 進む
- 変える
- 超える

- 始まる
- 広がる
- 切り拓く
- 見据える

解説

「行き先」という JR東日本ならではの言葉を使うことで、オリジナリティのあるキャッチコピーになっています。新しい未来に向かって電車が進んでいく様子が浮かんできます。 <small>飛躍目的語</small>

「未来のトビラ」ではなく「未来のキップ」と言うことで、JR東日本らしい未来への挑戦を表現できています。みんなを未来へ連れていくようなイメージができます。

ウクライナ情勢が悪化した頃に出された広告でのキャッチコピーで、そういった時代の空気もふまえて作られているように感じます。それぞれの明るい未来に向けてエールを送っているような表現です。 <small>反対語</small>

「未来を着よう」ではなく「未来を、試着しよう」と言うことで、今まで試したことのないファッションでも気軽に楽しみたくなってくるようなキャッチコピーです。 <small>飛躍目的語</small>

人生100年時代を見据えた家づくりというテーマの広告で使われたキャッチコピーです。今だけ満足できるものではなく、未来までずっと寄り添える家づくりへの想いが感じられます。 <small>否定強調</small>

「未来は遠い先にあるものではなく、現在進行形で進んでいるもの」というメッセージが感じられるキャッチコピーです。「さりげなく」という小さい言葉と「未来」という大きい言葉を組み合わせることで、インパクトのある表現になっています。

「女性の挑戦が未来を変えてきた」というメッセージが感じられるキャッチコピーです。未来に対する捉え方がエモーショナルで、今の世界は誰かの挑戦でできていることが伝わってきます。 <small>否定強調</small>

「未来への挑戦」というメッセージは自信あふれるトーンになりやすいですが、このキャッチコピーは「ひとつずつですが」という謙虚な姿勢をはさむことで、より応援したくなるような表現になっています。

未来に向かうのではなく、未来を追い越すぐらいの勢いで活動している京セラの企業姿勢が伝わってきます。倒置法を使うことで表現にインパクトを持たせています。 <small>擬人法</small>

「乗り物をつくる」ではなく「未来をつくる」という企業の意志が感じられるキャッチコピーです。「〜ではなく」と一回否定をはさむ型はキャッチコピーでよく見られます。 <small>否定強調</small>

未来という言葉で、愛の強さを表現したキャッチコピーです。「未来まで」という言葉は、想いの強さを示す表現として活用できそうです。

「未来はもうすでに始まっているもの」という意味を込めたキャッチコピーで、現在進行形のプロジェクトやサービスと相性がいい表現を狙って制作しました。

夢 鉄板ワード

ターゲットに挑戦を促す言葉。

ターゲットに対して前向きにアクションを起こさせるようなキャッチコピーにおいて「夢」が使われることが多いです。「未来」よりも自分事化しやすく、身近に感じやすい言葉です。「夢を叶える」「夢を応援する」といった使い方ではなく、「夢をどのように叶えるのか」「夢をどのように応援するのか」といったところまで考えると、オリジナリティのあるキャッチコピーになっていきます。

キャッチコピー例

1 **夢は、口に出すと強い。** （集英社「週刊少年ジャンプ」）

2 **夢よりも不思議な時間が眠っている。**
（二階堂酒造「大分むぎ焼酎 二階堂」）

3 **夢だけ持ったっていいでしょ?** （HELLO NEW DREAM. PROJECT）

4 **人生は、夢だらけ。** （かんぽ生命保険）

5 **夢なんか、あるほうがすごい。** （ワコール「AMPHI #BRAsh UP」）

6 **夢見る人を、はじめる人に。** （CAMPFIRE）

7 **わたしの夢を奪うわたしになるな** （LUMINE）

8 **夢を笑うな。夢と笑おう。** （SHIBUYA109エンタテイメント）

9 **夢は、ふるえることから始まる。** （リョウマ『FILT』）

10 **その「夢」は、「プラン」になる。**
（第57回宣伝会議賞協賛企業賞 商工組合中央金庫）

11 **夢に近づく1週間。** （サンプル自作）

12 **夢は、気づいたらできている。** （サンプル自作）

こんな言葉もおすすめ！

・理想	・達成	・チャレンジ	・超える
・希望	・想像	・エネルギー	・膨らむ
・願望	・挑戦	・描く	・始まる
・将来	・冒険	・抱く	・つなぐ
・現実	・なりたい	・持つ	・諦めない
・実現	・やりたい	・見る	・追いかける

解 説

「海賊王に俺はなる」などジャンプの主人公がそれぞれの夢を宣言しているセリフとともに使われたキャッチコピーです。自分たちもジャンプの主人公のように夢を宣言したくなるような表現です。

焼酎とともに人生を回顧したり、これからのことを想ったりする味わい深い時間を「夢よりも不思議な時間」と独特の表現でインパクトを持たせているキャッチコピーです。「〜より」と何かを引き合いに出すような表現はキャッチコピーでよく使われます。

「本当にできるか分からないけど、夢だけ持ったっていいでしょ？」というニュアンスを感じられるキャッチコピーです。夢を持つことが尊く感じられます。 　問いかけ

保険の宣伝ではなく、人生を前向きに生きることの楽しさを表現しているキャッチコピーです。生命保険自体の印象を上げるような表現にもなっています。

新社会人に向けた広告でのキャッチコピー。「そもそも夢はあるほうがすごい」と伝えることで、焦らずじっくり夢を見つけていきたくなる、優しさを感じる表現になっています。

クラウドファンディングのキャッチコピー。夢の実現に向けて一歩踏み出す人を応援するサービスというコンセプトが分かりやすく示されています。

夢はあるけど、自信がなく諦めそうになっている人に刺さりそうなキャッチコピーです。否定文で逆説的に表現することで、よりメッセージ性を強めています。

「笑うな」「笑おう」と対比させることで、インパクトを持たせているキャッチコピーです。自分の信じた夢を大事にしたくなるような表現になっています。 　否定強調 対句

尊敬する人と出会った時や、新しい目標ができた時の胸の高鳴りを「ふるえる」という言葉で分かりやすく表現しているキャッチコピーです。

商工中金に相談することで、夢に現実味が帯びてくるワクワク感を表現できているキャッチコピーです。経営者の夢を応援する企業姿勢も感じられます。

体験講座などを想定したキャッチコピーです。「1週間」など具体的な期間を入れることでよりインパクトを持たせやすくなります。 　数字

夢は焦って見つけるものではなく、自然と目指しているもの、という意味を込めたキャッチコピーです。大学など教育サービスを想定した表現です。

51 keyword

人生 鉄板ワード

影響力を引き上げる言葉。

　その瞬間だけではなく、人生までも変わっていくという、商品を使うことによる影響力の大きさを伝えることができる言葉が「人生」です。スケールの大きい言葉なので、世界観をつくるブランディング向けのキャッチコピーにおいても効果的です。また、商品とお客様の人生の接点を考えることで、キャッチコピーのヒントも探ることができます。

キャッチコピー例

1. **人生に、野遊びを。** （スノーピーク）

2. **人生、おいしく。** （第一三共ヘルスケア「第一三共胃腸薬」）

3. **人生は、いつもライブだ。** （17LIVE）

4. **人生には、飲食店がいる。** （サントリー）

5. **人生に、ムダな時間を。** （U-NEXT）

6. **ふだん着の日が、人生になる。** （ユニクロ）

7. **そう、人生には、これがいる。** （アメリカン・エキスプレス・インターナショナル）

8. **人生は、いつだって途中だ。** （神戸女学院大学）

9. **私らしくいこう。記念写真も、人生も** （MUNI studio）

10. **人生の半分は無職です。** （第52回宣伝会議賞グランプリ ゆうちょ銀行）

11. **ポケットに、人生を。** （サンプル自作）

12. **あ、人生、変わりそう。** （サンプル自作）

こんな言葉もおすすめ!

・夢	・世界	・冒険	・欠かせない
・旅	・一生	・暮らし	・豊かな
・景色	・転機	・ずっと	・進む
・毎日	・全力	・いつも	・歩く
・舞台	・必要	・ドラマ	・残る
・日常	・挑戦	・ストーリー	・続く

解説

仕事などで毎日が忙しい人に刺さりそうなキャッチコピーです。「野遊び」という言葉に、人生の充実感や贅沢感を覚え、また子ども心に戻れるようなワクワク感も覚えます。

ごはんをおいしくするのではなく、人生をおいしくすると目的語を飛躍させることでインパクトを持たせているキャッチコピーです。一食一食を大事にしたくなるような表現です。

「そもそも人生そのものが生配信である」というメッセージが感じられるキャッチコピーです。今この瞬間をポジティブに楽しみたくなってくるような表現です。

コロナ禍でなかなか飲食店に行きづらくなった頃に出された広告のキャッチコピーで、飲食店での人とのコミュニケーションの良さに改めて気づかせてくれるような表現です。

「ムダな時間」というネガティブに感じる言葉も、動画配信サービスのU-NEXTが言うことでポジティブな言葉に感じられてくるキャッチコピーです。ムダな時間こそ人生を充実させるというメッセージが感じられます。

いつも着ている服こそ、そのまま人生の服になっていくというメッセージが感じられるキャッチコピー。普段使いできる服を提供しているユニクロが言うからこそ説得力があります。

「お会計には、これがいる」ではなく「人生には、これがいる」と言うことで、ただのクレジットカードではなく人生に欠かせないパートナーとして、アメリカン・エキスプレスに愛着を湧かせるようなキャッチコピーになっています。

「あなたの卒業が、いい通過点でありますように。」というサブコピーとともに使われているキャッチコピーです。卒業後も志高く、充実した人生に向けて一歩踏み出していきたくなるような表現になっています。

自分の個性に合わせて独創的な記念写真が撮れるサービスのキャッチコピー。自分らしい写真が撮れるだけではなく、自分らしく人生を楽しむきっかけにもなることが感じられる表現です。

「こつこつ貯金することが、カッコイイと思えるアイデア」というテーマでのキャッチコピーです。働けなくなる期間を見据えて今のうちから貯金をしたくなってくるような表現です。

「人生」という大きい言葉と「ポケット」という小さい言葉を組み合わせることでインパクトを持たせたキャッチコピーです。財布やスマートフォンなどの必需品を想定しています。

書き言葉ではなく、話し言葉にすることでインパクトを持たせたキャッチコピーです。商品を使った時に感じる変化をリアルなトーンで表現しました。

世界 鉄板ワード

「グローバル」以外の意味にも使える。

　「世界」はグローバルという意味だけではなく、「社会」「世の中」「自分の価値観」という意味にも使える便利な言葉です。その商品を使うことや、その企業があることで、世界はどう変わるのかを考えると大きなメッセージにできます。ただ抽象的な表現になりやすいので、その商品や企業ならではの「世界の変え方」を具体的に考えることで、キャッチコピーに輪郭が出てきます。

キャッチコピー例

1 世界は誰かの仕事でできている。

（日本コカ・コーラ「ジョージア」）

2 このろくでもない、すばらしき世界。 （サントリー「BOSS」）

3 あなたと世界を変えていく。

（NTTドコモ）

4 世界に尽くせ、タケダ。革新的に。誠実に。

（武田薬品工業）

5 その志で、世界を動かせ。

（三井物産）

6 君の世界を、ブッ作れ。

（デル・テクノロジーズ「XPS」）

7 ひとりじゃない、世界がある。

（NETFLIX）

8 この世界に、美しくできないものはない。

（TVS REGZA「X9400シリーズ」）

9 家内安全は、世界の願い。

（映画『ホーホケキョ　となりの山田くん』）

10 見慣れた街の、知らない世界へ。

（第56回宣伝会議賞協賛企業賞 OpenStreet「HELLO CYCLING」）

11 機能が広がる。世界が広がる。

（サンプル自作）

12 1mmで、世界は変わる。

（サンプル自作）

こんな言葉もおすすめ！

- 扉
- 社会
- 地球
- 自然
- 大陸
- 人類
- 視野
- 境界
- 限界
- 挑戦
- 感動
- 平和
- 舞台
- 可能性
- 世の中
- グローバル
- すべての
- 超える
- 広げる
- 変える
- つくる
- つなげる
- 驚かせる

解説

「世界を支えるあなたの仕事を支える缶コーヒー」というコンセプトが感じられます。あなたの仕事があるからこそこの世界は存在していると、仕事をする人にエールを送るようなキャッチコピーになっています。

宇宙人ジョーンズシリーズのCMで使われているキャッチコピー。「大変な仕事の中でも、すばらしいと思える瞬間があれば頑張っていける」というようなニュアンスが伝わってきます。「ろくでもない」と「すばらしき」という対義語を一文に入れることでインパクトのある表現になっています。

反対語

「自分たちだけではなく、あなたと世界を変えていく」という人とのつながりを明確に示しながら、「世界を変える」という大きな使命を伝えているキャッチコピーです。

「世界」という言葉で挑戦の大きさを示しながら「尽くす」「誠実」など企業姿勢も併せて表現できているキャッチコピーです。お客様へのサービス精神も感じられます。

社員の目標を尊重し、その目標達成に向けて力強くエールを送っているようなキャッチコピー。社外だけではなく、社内向けのスローガンとしても機能する表現になっています。

自分の好きなものを思う存分作れるノートパソコンの魅力が「ブッ作れ」という言葉でうまく表現されているキャッチコピーです。何かを創作できる商品は「世界」という言葉と相性が良さそうです。

作品を一部のものにするのではなく、世界中の人とその作品を楽しめるNETFLIXの魅力が伝わるキャッチコピーです。またその作品によって色んな感情が世界中に伝播していくような、価値の広がりを感じられます。

否定強調

「美しくできる」ではなく「美しくできないものはない」と否定形にすることでメッセージ性を強めています。映像ではなく、世界を美しくすると目的語を飛躍させることでインパクトも持たせられています。

ほのぼのしたストーリーの映画で、あえてスケール感の大きいキャッチコピーにすることでインパクトを持たせられています。世界共通の大切なテーマが、この映画に込められていることが伝わってきます。

「見慣れた街」「知らない世界」と対比させることでインパクトを持たせられているシェアサイクルのキャッチコピーです。新しい場所を巡る自転車のワクワク感を分かりやすく表現できています。

対句

「機能」と「世界」を並列させることで、商品の効果の大きさを感じさせるように表現したキャッチコピーです。幅広い機能に特徴がある商品を想定しています。

リフレイン

繊細な技術力が売りの商材を想定したキャッチコピーです。「世界」はスケールの小さい言葉とセットで使うことで、より効果の大きさを感じさせることができます。

数字

健康 鉄板ワード

どう健康を叶えるかを考える。

「忙しくてつい自分のカラダのことを後回しにしている人に、どう言ったら健康の価値に気づいてくれるか」「競合他社も健康向けの商品を出している中で、自分たちはどういう手段で健康を叶えているのか」を考えることで、より埋もれにくいキャッチコピーになっていきます。また「健康」という言葉以外にも「ヘルシー」や「元気」など、より自社商品やサービスに合った言葉はないか考えてみましょう。

キャッチコピー例

1　健康にアイデアを　　　　　　　　　　　　　（明治ホールディングス）

2　人も地球も健康に　　　　　　　　　　　　　　　（ヤクルト）

3　すこやかな毎日、ゆたかな人生　　　　　　　　（江崎グリコ）

4　ヘルシーを、やみつきに。　　（ゼスプリ インターナショナル ジャパン）

5　カラダにピース。　　　　　　　　　（アサヒ飲料「カルピス」）

6　Eat Well, Live Well.　　　　　　　　　　（味の素）

7　元気はつよいぞ。　　　　　　　　（大塚製薬「オロナミンC」）

8　努力か、才能か、いや体調だ。　　　（大塚製薬「ボディメンテ」）

9　気分はケンコー！の時代。　　　　（サントリー「オールフリー」）

10　175年生きたことが、健康の証です。
（第51回宣伝会議賞協賛企業賞 順天堂大学）

11　若い元気を、もう一度。　　　　　　　　　（サンプル自作）

12　愛し足りない、カラダへ。　　　　　　　　　（サンプル自作）

こんな言葉もおすすめ！

・心	・充実	・健康美	・健やかな
・身体	・活力	・リセット	・豊かな
・元気	・基礎	・ヘルシー	・巡る
・自然	・習慣	・エネルギー	・整える
・体調	・栄養	・コンディション	・生きる
・調子	・絶好調	・Well-being	・つくる

解説

普通の健康食品をつくるのではなく、一工夫がある商品をつくっていくという企業姿勢が感じられるキャッチコピーです。「アイデア」が付加価値として感じられます。

「人」だけではなく「地球」も目的語に入れることで、環境にまで配慮した商品を感じられるキャッチコピーです。「地球」を入れることで、身体にいい商品をより実感できます。

「健康」ではなく、「すこやかな」という言葉にすることで、親しみやすさや柔らかさを感じます。また「ゆたかな」「すこやかな」と韻を踏むことでよりキャッチーになっています。

「健康」ではなく「ヘルシー」という言葉にすることで、商品のおいしさが伝わってきます。また、「やみつき」という言葉で、夢中になれる健康習慣の楽しさまで感じられます。

「カルピス」「カラダにピース」と語感を合わせることで印象的な表現にしながら、カラダが活き活きしてくる様子まで伝わってくるキャッチコピーです。

簡易な単語で表現することで、英語でも伝わりやすいキャッチコピーになっています。また、「well」という単語を繰り返すことでポジティブな印象も残せています。

「元気ハツラツ！」というオロナミンCのキャッチコピーを、より親しみやすいようにアレンジしたようなキャッチコピーです。「ぞ」という語尾にすることで「元気」をより強調させています。

仕事で成果を出したいと思っている人に刺さりそうなキャッチコピーです。「努力」「才能」を引き合いに出すことで、体調管理に価値を感じさせる表現になっています。

「気分はサイコー！」のように「気分はケンコー！」と言うことで、身体にいい商品だと期待させるだけではなく、商品を飲んだ後の爽快感まで伝わってくるキャッチコピーです。

医学、スポーツ健康科学、医療看護など健康分野を学べる順天堂大学ならではのキャッチコピーで、掲載当時の大学の創立年数を伝えることで教育の質まで感じられます。

若いころの元気を取り戻すというテーマで制作したキャッチコピーです。ミドル世代向けの健康商品を想定しています。

忙しくて健康をおろそかにしている人に向けて、身体のことを想うきっかけをつくるようなキャッチコピーを狙って制作しました。

時代 鉄板ワード

今の時代をふまえた表現や、新しい時代をつくる表現を。

　キャッチコピーを作るうえで、今の時代に合っているかどうかもポイントになります。今はどんな時代になっているのか、時代と商品の接点を意識してみることでキャッチコピーのヒントが出てきます。また、その商品でこれからどのような時代をつくっていきたいかを考えることで、ブランディングとしても機能するようなスケールの大きい表現が生まれてきます。

キャッチコピー例

1. 結婚しなくても幸せになれるこの時代に
私は、あなたと結婚したいのです。　（リクルート「ゼクシィ」）

2. あたりまえのことを、
あたりまえに言える時代へ。　（NETFLIX）

3. 人生100年時代。道草するくらいが
ちょうどいいね。　（東武鉄道）

4. スナック人生100年時代へ。　（湖池屋）

5. 笑顔の時代にしよう。　（江崎グリコ「JANKEN GLICO 2020 REMOTE」）

6. 女の時代、なんていらない？　（そごう・西武）

7. 年をとるだけで、
"劣化"と呼ばれる時代を生きている。　（ちゅらら）

8. 時代とハートを動かす　（セイコーグループ）

9. 「こんな時代だから」、とあきらめる人がいる。
「こんな時代だから」、と始める人がいる。　（AEON）

10. 時代に合わせているようで、子どもに
合わせているんだ。　（第59回宣伝会議賞協賛企業賞 KUMON）

11. 時代なんかで、変わらない。　（サンプル自作）

12. 時代がつくった、化粧水。　（サンプル自作）

こんな言葉もおすすめ！

- 今
- 時
- 波
- 先
- 風
- 流れ

- 先頭
- 先駆者
- 幕開け
- どんな時代も
- いつの時代も
- 〜の時代

- 100年時代
- リード
- パイオニア
- 新しい
- 乗る
- 残る

- 刻む
- つくる
- 変える
- 変わらない
- 始まる

解説

「結婚＝幸せ」という価値観を押し付けるのではなく、結婚しない生き方も尊重しながらも、結婚の価値についても表現できているキャッチコピーです。

国際カミングアウトデーに合わせた広告のキャッチコピー。多様性が尊重される時代に合った、すべての人に勇気を与えてくれるような表現になっています。 リフレイン

人生100年時代をポジティブに捉え、SLに揺られながら日光や鬼怒川でゆっくり過ごしたくなる、のんびり癒やされる旅をしたくなるような表現になっています。 数字

「人生100年時代」と合わせているキャッチコピーです。たとえ100歳になってもスナックがおいしく食べられるような世の中へ挑戦をしていく湖池屋のメッセージの中で使われた表現です。 数字

2020年のコロナ禍に出されたキャッチコピーです。コロナの時代ではなく「笑顔の時代にしよう」とみんなを励まそうとしているようなメッセージが感じられます。

「時代の中心に、男も女もない。わたしは、私に生まれたことを讃えたい。」などのボディコピーとともに、性別ではなく個人が尊重される時代を願うメッセージ広告で使われたキャッチコピーです。 問いかけ

「劣化」という言葉に対して疑問を呈するようなキャッチコピーです。「時代」という言葉を使うことでメッセージを大きくして表現できています。

時計を手掛けるセイコーだからこそ「時代を動かす」という言葉がマッチしています。ただの時計だけではなく、人の気持ちを動かす時計を作るという企業姿勢が「ハート」という言葉に表れています。 飛躍目的語

リーマンショック後に出されたキャッチコピーです。不況の中でも未来を信じて新しいことを始めたくなるような、英会話の広告以上の大きなメッセージが感じられます。 対句

オンラインでも学習できる公文式のキャッチコピーで、どんな時代になっても子どもたちのために学習機会を提供し続けていく姿勢が感じられます。「時代に合わせているようで」と時代を引き合いに出すことでメッセージを強くしています。

「時代」を使ったキャッチコピーとしては、「どんな時代になっても変わらない価値」という方向性でも制作できそうです。

今の時代に合った化粧水を想定したキャッチコピーです。「時代がつくった」は、化粧水だけではなく他の商材でも応用できるような表現です。 擬人法

挑戦 鉄板ワード

「挑戦する人を支える」 という方向性でも。

　自社のチャレンジ精神を伝える表現としてももちろんですが、新しく踏み出す人を支えるといった方向性でもよく使われる言葉が「挑戦」です。どのような挑戦をしていくのか、なぜ挑戦をするのか、その挑戦によって何が変わるのかなどを掘り下げて考えることで、より共感しやすいキャッチコピーになっていきます。

キャッチコピー例

1 **挑戦が、私を未来に連れていく** （デル・テクノロジーズ「XPS」）

2 **挑戦することで、世界は変えられる。**
（大正製薬「リポビタンD」）

3 **挑戦って、いいもんだ。** （本田技研工業）

4 **挑戦に火をともそう。** （VAIO）

5 **挑戦する人か、**
人の挑戦にあれこれ言う人か。 （東京海上日動）

6 **春だ。はじまりの季節だ。**
挑戦の季節だ。 （東京海上日動）

7 **保険は冒険から生まれた。** （東京海上日動）

8 **チャレンジするほうのコンビニ！** （ファミリーマート「ファミマル」）

9 **挑む。関電** （関西電力）

10 **挑戦には、安心感が必要だ**
（第56回宣伝会議賞協賛企業賞 さくらインターネット）

11 **もっと、挑戦したくなる世界へ。** （サンプル自作）

12 **挑戦こそ、この国の資源だ。** （サンプル自作）

こんな言葉もおすすめ！

・壁	・限界	・成功	・壊す
・夢	・常識	・可能性	・戦う
・志	・目標	・固定観念	・超える
・道	・理想	・チャレンジ	・叶える
・勇気	・覚悟	・挑む	・諦めない
・前例	・失敗	・進む	・踏み出す

解説

「挑戦で未来を変える」ではなく「挑戦が、私を未来に連れていく」と挑戦を主語にすることでよりインパクトのあるキャッチコピーになっています。〔擬人法〕

ラグビー日本代表を応援するリポビタンDの新聞広告で使われたキャッチコピーです。「世界を変えよう」ではなく「世界は変えられる」と言い切りの形にすることで、より力強いトーンになっています。

2021年F1でドライバーズチャンピオンを獲得した時のHondaのキャッチコピー。「挑戦は素晴らしい」ではなく「挑戦って、いいもんだ。」と実感のこもった言い方にすることで、より想いが伝わるような表現になっています。

「人の挑戦を加速させる」というVAIOのコンセプトが感じられるキャッチコピーです。製品の特徴ではなく製品に込めたメッセージを伝えることで、差別化しやすくなります。

「挑戦する人になろう」ではなく「挑戦する人か、人の挑戦にあれこれ言う人か」と二択にすることで、前者の価値を引き上げているキャッチコピーです。選びたくなる選択肢をつくることもキャッチコピーでよく使われる手法です。

「春」と「挑戦」をうまくつなげているキャッチコピーです。文を細かくリズミカルに区切ることで、より印象深い表現になっています。

保険というと保守的なイメージも持たれやすいですが、保険の成り立ちを伝えることで、保険＝挑戦的という価値転換を図っているようなキャッチコピーです。

「チャレンジするコンビニ」ではなく「チャレンジするほうのコンビニ」とすることで、他のコンビニとの違いを示しているキャッチコピーで、そのチャレンジを応援したくなるような表現になっています。

総合職採用ページでのキャッチコピーです。「挑む」と短く言い切ることで、インパクトを持たせています。キャッチコピーは短いほどメッセージ性が強くなりやすいです。

安心できるサーバがあるからこそ、情報を活かした新しいビジネスなどが展開しやすくなるというメッセージが感じられるキャッチコピーです。「挑戦」と「安心」という対極にある言葉を組み合わせることでインパクトを持たせています。〔反対語〕

「挑戦」と「世界」を組み合わせることでよりメッセージを大きくしたキャッチコピーです。クリエイティブに関連する商材を想定しています。

「挑戦こそこの国のパワーである」という意味を込めたキャッチコピーです。エネルギー会社などを想定しています。例えることで表現をジャンプすることができます。〔たとえ〕

可能性 鉄板ワード

「可能性」という言葉に希望を持たせる。

　可能性は数値的な意味だけではなく「夢」や「伸びしろ」のような意味で使われることが多いです。企業や商品のキャッチコピーだけではなく、採用向けのキャッチコピーの言葉としても使いやすいです。命令形とも相性がよく、強いメッセージを発信したい時にも効果的な言葉です。「可能性」という言葉に希望を見出せるようなトーンを意識するとメッセージ性が強くなります。

キャッチコピー例

1 **まっさらは、可能性。** （そごう・西武）

2 **生きてることが、可能性だ。** （PILOT）

3 **可能性よ、遠くをめざせ。** （NTTコミュニケーションズ）

4 **ワクをハミ出せ、二十歳の可能性。**
（サントリースピリッツ／伊集院静氏によるキャッチコピー）

5 **可能性にむかって、汗をかけ。**
（サントリースピリッツ／伊集院静氏によるキャッチコピー）

6 **#可能性をつぶすな** （Loohcs「Loohcs高等学院」）

7 **可能性だけがある君たちへ。** （大塚製薬「ポカリスエット」）

8 **自分は、きっと想像以上だ。** （大塚製薬「ポカリスエット」）

9 **あなたの個性は、みんなの可能性だ。** （集英社）

10 **可能性を絞るには、早すぎる。** （凸版印刷）

11 **可能性は、大きいうちに。** （サンプル自作）

12 **気づけ、可能性。** （サンプル自作）

こんな言葉もおすすめ！

- 夢
- 志
- 挑戦
- 自分
- 無限
- 冒険

- 未知
- 発見
- 潜在能力
- チャレンジ
- 秘められた
- どこまでも

- 新しい
- 大きい
- 試す
- 広がる
- 気づく
- やってみる

- いける
- できる
- 踏み出す
- ～だらけ

解説

「まっさら」と「可能性」を結び付けることで、何もない状態をポジティブに捉えられ、新しいことにチャレンジしたくなってくるようなキャッチコピーです。

「10代の創造力を文房具で支える」というテーマで書かれた広告コピーです。「10代の秘めた可能性を文房具で引き出していく」というようなメッセージが感じられます。

可能性そのものに呼びかけるようなトーンにすることでインパクトのある表現になっています。「遠く」という言葉で、想像以上の自分を目指したくなるようなキャッチコピーになっています。

伊集院静氏によるコピー。成人の日の広告コピーです。二十歳の可能性の大きさに気づかせるだけではなく「ワクをハミ出せ」という言葉で、新しい挑戦を応援しているようなメッセージまで感じられます。

伊集院静氏によるコピー。成人の日に出されたキャッチコピーです。「夢にむかって、汗をかけ。」ではなく「可能性にむかって、汗をかけ。」とすることで、自分の前に広がる伸びしろの大きさに気づかされるような表現になっています。

「可能性を広げよう」ではなく「可能性をつぶすな」と否定形にすることでよりメッセージを強めています。夢を持っている学生に刺さりそうなキャッチコピーです。ハッシュタグを付けることでSNSで拡散しやすい表現になっています。

「可能性だけがある」という言葉で、自分の先にあらゆる夢が広がっているようなイメージを持たせているキャッチコピーです。呼びかけるようなトーンにすることで、よりメッセージを強めています。

自分が想像もしていなかった自分になっていくというようなワクワク感を覚えるキャッチコピーです。自分に自信を持たせてくれるようなメッセージになっています。

多様性が尊重される時代に合ったキャッチコピーです。自分の個性を思いっきり発揮したくなるような、一人ひとりの個性を肯定してくれるような表現になっています。

採用向けのキャッチコピーです。業界や採用種を絞って就活をしている人に刺さりそうな表現で、幅広い事業領域がある凸版印刷に興味を持たせるような表現になっています。

若者をターゲットにしたキャッチコピーです。「今しかできない」と思わせることもキャッチコピーのテクニックの1つです。

倒置法によってメッセージを強めたキャッチコピーです。自分の中に眠る才能に気づかせるような表現を狙って制作しました。

動く　鉄板ワード

人を奮い立たせる言葉。

　モノが動くという意味よりも、夢に向かって行動する、チャレンジする、周りが変わり始める、という意味として使われることが多い言葉が「動く」です。自分自身や周りの人を奮い立たせるようなスローガンとして機能するだけではなく、「〜が動き出す」といった、変わる瞬間を示すようなキャッチコピーとしても使われることが多いです。

キャッチコピー例

1　**それでもやる、頭と、心と、手を動かして**
(本田技研工業「Hondaハート」)

2　**動く、生きる、つづく。**
(ユニクロ「ユニクロ22SS スポーツユーティリティウェア」)

3　**私たちは、動く。**
(日本自動車部品工業会)

4　**ワタシを、動かせ。**
(アシックス)

5　**カラダを動かす。ココロが羽ばたく。**
(アシックス)

6　**カラダを動かす、毎日が動き出す。**
(日本コカ・コーラ「アクエリアス」)

7　**こころが動く。すべてが動く。**
(三越伊勢丹ホールディングス)

8　**空気は動く、ひとの熱で。**
(PARCO)

9　**その衝動は、世界の入口。**
(コメ兵)

10　**世界を動かすビジネス街で、人の心を動かしています。**
(第56回宣伝会議賞協賛企業賞 三菱一号館美術館)

11　**さぁ動だ。**
(サンプル自作)

12　**止まってたまるか。**
(サンプル自作)

こんな言葉もおすすめ！

- 道
- 足
- 前
- 先
- 力
- 行動

- 一歩
- 世界
- 時代
- 進化
- 勇気
- 運命

- 有言実行
- 無我夢中
- エンジン
- 行く
- 歩く
- 走る

- 駆ける
- 超える
- 突き進む
- 止まらない

解説

「交通事故死者ゼロへの挑戦」というテーマでのキャッチコピーです。倒置法を使うことでメッセージを強くしながら、「頭」「心」「手」という言葉を並べることで、挑戦への情熱が伝わってきます。

動き続けることの尊さを感じられるようなキャッチコピーです。動くことこそ生きる喜びであり、動き続けていくことの人生の意義を、キーワードとなる動詞を並べることで表現しています。

自動車部品の団体だからこそ、「動く」という言葉がよりマッチしているキャッチコピーです。社外だけではなく、社内向けのスローガンとしても機能している表現です。

「ワタシは、動く。」ではなく「ワタシを、動かせ」と自分自身を目的語にすることで、自分へのエールとして機能するようなキャッチコピーになっています。

部活動を応援するアシックスのキャッチコピーです。試合で勝利した瞬間だけではなく、身体を動かす幸せを感じさせることで、部活動の価値が伝わってくる表現です。　　対句

夏のレジャーを楽しむCMの中でのキャッチコピー。暑い夏でも思いっきり毎日を楽しみたくなるような表現になっています。　　対句

「すべては心が動くことから始まる」というメッセージが伝わってくるキャッチコピーです。サービス業で人の心と向き合い続ける三越伊勢丹ならではの表現になっています。　　リフレイン

「HELLO, SHIBUYA TOKYO」というイベントのキャッチコピーです。人の興奮や感動、喜びなど時代を動かすようなイベントの熱気が伝わってきます。

リユースサービスのキャッチコピーです。物欲を「衝動」と捉え、その衝動を世界を明るくする入り口として表現することで、サービスの価値の大きさを伝えられています。

東京駅近くの美術館のキャッチコピーです。「世界を動かすビジネス街」と立地について伝えながら「人の心を動かす」と美術作品の価値も伝え、「動かす」という言葉をうまく合わせて表現しています。　　対句

「動き続けること」への誇りを感じさせるようなキャッチコピーを狙って制作しました。新しい挑戦をし続けている企業を想定した表現です。　　漢字変換

「動く」ではなく「止まる」を否定することでメッセージを強めたキャッチコピーです。「たまるか」と人の気持ちが見えるようなトーンにすることで、その想いに共感させる表現を狙って制作しました。

仲間 鉄板ワード

味方が周りにいる安心感を伝えられる。

「私たち」「一緒に」など、一人ではなくみんなと行動をすることを促すようなキャッチコピーの頻出ワードが「仲間」です。味方が周りにいる安心感を伝えられます。また、人を感じさせることでハートフルな表現にしやすいです。商品の価値をシェアする楽しさ、仲間と協力して仕事をするやりがいなど、販促だけではなくブランディングや採用においても便利な言葉です。

キャッチコピー例

1 **できないことは、みんなでやろう。** (丸紅)

2 **共感と反感は、仲間である。** (ストライプインターナショナル「earth music&ecology」)

3 **仲間探し採用** (オプト)

4 **今を、みんなで、味わいたい。** (アサヒ飲料「カルピスウォーター」)

5 **みんなで食べるのって いいね！** (味の素)

6 **僕ら以上の僕ら。** (ライフカード)

7 **集まれ、えび家族** (桂新堂)

8 **高知県は、ひとつの大家族やき。** (高知県「高知家プロモーション」)

9 **前には、一生の仕事がある。
横には、一生の仲間がいる。** (ヨネダ)

10 **僕は弱いけれど、僕たちは強い** (第52回宣伝会議賞協賛企業賞 アソビズム「ドラゴンポーカー」)

11 **人生は、一人じゃないから、面白い。** (サンプル自作)

12 **みんなのためなら、がんばれる。** (サンプル自作)

こんな言葉もおすすめ！

- ・手
- ・輪
- ・絆
- ・家族
- ・味方
- ・協力

- ・僕ら
- ・私たち
- ・出会い
- ・心の支え
- ・そば
- ・みんな

- ・一緒
- ・ともに
- ・〜メイト
- ・近い
- ・結ぶ
- ・奏でる

- ・支える
- ・寄り添う
- ・合わせる
- ・つながる

解説

仲間とともに夢を目指すアニメ『ONE PIECE』とのコラボ広告でのキャッチコピーです。自社だけではなく、周りの仲間と協力していくことで社会課題を解決していく企業姿勢を示しています。

「共感」と「反感」という反対語を「仲間」と捉えることでインパクトを持たせているキャッチコピーです。共感と反感の相関関係を示すことで興味を持たせるように表現できています。 反対語

「社員採用」ではなく「仲間探し採用」とすることで、企業と求職者の壁をなくしているような印象を覚えるキャッチコピーです。人を大切にしている企業の姿勢まで伝わってきます。

一人ではなく、みんなで青春したくなってくるようなキャッチコピーです。カルピスもみんなで一緒に飲みたくなるような、販促効果も期待できる表現になっています。

家族が集まって、それぞれが話したいことを話しながら食卓を囲む幸せを描いている広告のキャッチコピーです。忙しい中でも家族揃って食事を楽しみたくなってくるような表現です。

「僕」ではなく「僕ら」とすることで、横とのつながりを重視するZ世代に向けたキャッチコピーです。自分たちの新しい姿を示していくようなメッセージ性が感じられます。 リフレイン

「家族」という言葉は採用でよく使われる言葉です。会社を1つの家族と例えることで温かさを感じられる表現ではありますが、多用しすぎると同調圧力のような雰囲気も出してしまうので注意が必要です。

「高知家」という移住促進キャンペーンで使用されている高知県のキャッチコピーです。「やき」という方言も取り入れることでハートフルな印象を持たせています。

総合建設業のやりがいと、仕事を支え合う仲間の心強さを一気に伝えられているキャッチコピーです。対句にすることでよりインパクトを持たせています。 対句

「ドラゴンポーカー」というゲームをみんなで遊びたくなってくるようなキャッチコピーです。ゲームだけではなく日常においても通じるメッセージにすることで印象深い表現になっています。 反対語

「仲間」は「一人じゃない」と言い換えて表現することもできます。仲間と一緒にいることの楽しさに改めて気づかせるような表現を狙って制作しました。

「一人のために頑張るのは大変だけど、誰かのためなら頑張れる」という人も多いかと考え、採用などで使えるようなキャッチコピーを制作しました。

春 季節ワード

「明るさ」「はじまり」を感じさせる言葉。

温かくて心地いい季節である「春」という言葉を使うだけでも、「明るさ」「希望」「ポジティブ」といった印象を与えることができます。「桜」「満開」「咲く」などの言葉は、受験生応援のメッセージとしても使えます。また、年度初めの季節ということから、何か新しいことに挑戦したくなるようなメッセージを作る時も「春」という言葉は相性が良さそうです。

キャッチコピー例

1. この世界に、春を連れてくるのは、あなただ。 （LUMINE・NEWoMan）

2. 春がちょっとだけ遠いなら、わたしから迎えにゆく。 （LUMINE）

3. 春はあけぼの。枕草子は最高のガイドブックでした。 （JR東海「そうだ 京都、行こう。」）

4. 歌おう、春だよ。 （JR博多シティ/アミュプラザ博多）

5. 春のこころに着替えるひと。 （渋谷マークシティ）

6. 春は、希望の別名みたいだ。 （日産自動車「スカイライン」）

7. いちばん青い春しよう。 （大塚製薬「ポカリスエット」）

8. キッカケなんか、春でいい。 （リクルート「HOT PEPPER Beauty」）

9. 春はあげもの。 （サントリー「角ハイボール」）

10. アオハルかよ。 （日清食品ホールディングス「カップヌードル」）

11. 「桜を見にいこう」と言えるうちに。 （サンプル自作）

12. 明るい色が似合う季節です。 （サンプル自作）

こんな言葉もおすすめ！

・桜	・日和	・優しい	・訪れる
・花	・希望	・心地いい	・染まる
・芽	・挑戦	・温かい	・始まる
・息吹	・満開	・明るい	・はずむ
・春風	・スタート	・新しい	・胸が鳴る
・紅潮	・ワクワク	・咲く	

解説

新しい春服でファッションを楽しむことで、街が明るく活気づいていくことが伝わってくるキャッチコピーです。春の暖かさだけではなく、人生を楽しもうとする力強さまで感じられます。

コロナ禍での広告ということもあり「春がちょっとだけ遠い」という言葉でその時の時代の雰囲気を伝えつつ、その中でも自分から積極的に春を楽しみたくなるようなキャッチコピーになっています。

『枕草子』をガイドブックと例えることでインパクトを持たせているキャッチコピーです。『枕草子』のように、早朝の春を京都で楽しみたくなってくるような表現です。 **たとえ**

「春だよ、歌おう」ではなく「歌おう、春だよ」と、「春」を最後に持ってくることで印象深いキャッチコピーになっています。「だって、春だよ」というニュアンスが感じられ、春をポジティブに楽しみたくなってくるような表現になっています。

「春服に着替える」ではなく「春のこころに着替える」と目的語を大きくすることで、インパクトのあるキャッチコピーになっています。春服を着ることで、見た目だけではなく身体の奥から春の気分を味わえるような気持ちよさまで感じられます。 **飛躍目的語**

「別名」という言葉が印象的なキャッチコピーです。「言われてみると確かにそうかもしれない」と共感するような表現になっています。

「青い」という言葉が、ポカリスエットのブランドとも合っているキャッチコピーです。「春」と「青春」を合わせた広告もよくあります。

新しいことを始めたくなってくるようなキャッチコピーです。「キッカケなんか」という言葉から、何かに踏み出す人の力強い意志まで感じられます。

「春はあけぼの」を「春はあげもの」ともじって表現しているキャッチコピーです。ことわざや定型文の一部を改造することで面白い表現になっていきます。

「青春」を「アオハル」と読ませたり、「かよ」という語尾を付けたりすることで若者言葉に合わせて表現しているキャッチコピーです。キャッチコピーを作る時は、ターゲットが言いそうな言葉を想像してみることも大切です。

春に好きな人を誘って出かけたくなるようなキャッチコピーを狙って制作しました。春シーズンの広告では、「桜」という言葉もキャッチコピーのヒントになりそうです。

アパレルなど春の新色カラーの商品を想定したキャッチコピーです。普段買わないような明るい色にもチャレンジしたくなるように表現しました。

夏 季節ワード

盛り上がりを感じさせる言葉。

夏休みやお盆もあり、山や海などレジャーを楽しんだり、実家に帰ったりとイベントの盛り上がりを連想させるような言葉が「夏」です。夏が始まるワクワク感を商品の特徴と併せて伝えることで、より共感できるキャッチコピーになっていきます。その商品とともに思いっきり夏を満喫したくなるような表現を狙いましょう。

キャッチコピー例

1 **思い出したい、夏になれ。** (THE OUTLETS KITAKYUSHU)

2 **本をひらけば、夏びらき。** (集英社「集英社文庫 ナツイチ」)

3 **今年の夏は、私のかわりに、手紙が帰る。** (PILOT)

4 **ただいまを贈る、夏にしよう。** (アサヒ飲料「カルピス」)

5 **スポンジみたいに、たっぷり夏を吸いこんだ。** (JR東日本「青春18きっぷ」)

6 **夏というスポットライト。** (LOFT「LOFT PAPER」)

7 **週末、そのまなざしを夏に着替えて。** (キラリナ京王吉祥寺)

8 **夏の私は、衝動物である。** (そごう・西武)

9 **夏だ！プールだ！サマーランドだ！** (東京サマーランド)

10 **プール冷えてます** (としまえん)

11 **夏がんばれる子は、つよい子になる。** (サンプル自作)

12 **汗を流した、思い出は濃い。** (サンプル自作)

こんな言葉もおすすめ！

- 緑
- 海
- 山
- 雲
- 汗
- 青空
- 太陽
- 熱中
- 成長
- 爽快
- 花火
- 自然
- 冒険
- 風景
- 夜空
- 陽射し
- 夏休み
- 思い出
- 短い
- 遊ぶ
- 楽しむ

解説

夏に呼びかけるようなトーンにすることでインパクトを持たせているキャッチコピーです。いい思い出ができるほど充実した夏を過ごしたくなるような表現になっています。

「夏びらき」と「本を開く」をうまく合わせて表現できているキャッチコピーです。夏休みに新しい本を読みたくなるような気持ちにさせてくれます。

コロナ禍の夏の広告に使われたキャッチコピーです。なかなか帰省しにくい時代を捉え、手紙なら帰ることができるというインパクトのある提案ができています。

カルピスを買って実家に帰りたくなるようなキャッチコピーです。「カルピスを贈る」ではなく「ただいまを贈る」と目的語を大きくすることでインパクトを持たせています。

夏旅行を満喫している様子を「スポンジみたいに夏を吸いこむ」というインパクトのあるたとえで表現しているキャッチコピーです。たとえは表現をジャンプさせるテクニックです。

夏の太陽の光を「スポットライト」と例えているキャッチコピー。太陽の光が人生というステージをさらに盛り上げていくようなニュアンスが感じられる表現です。

「服を夏に着替える」ではなく「まなざしを夏に着替える」と目的語を大きくすることで表現にインパクトを持たせながら、オシャレさも感じさせるキャッチコピーです。

「衝動物」という言葉でインパクトを持たせているキャッチコピーです。夏に思いっきり自分を解放したくなるような、アクティブに買い物を楽しみたくなる表現です。

文を細かく区切ることで、リズミカルで印象深いキャッチコピーになっています。「夏＝サマーランド」というイメージを持たせることで、夏のお出かけ先の候補として選んでもらえるような表現になっています。

「ビール冷えてます」のように「プール冷えてます」と伝えることで、プールの気持ちよさをうまく伝えられているキャッチコピーになっています。

夏期講習など塾で使えるキャッチコピーを制作しました。「子どもの成長」も夏キャンペーンの広告のヒントになりそうなテーマです。

レジャー向けの広告を想定したキャッチコピーです。汗を流して夏を楽しみたくなるような表現を狙って制作しました。

秋 　季節ワード

色んなテーマと合いやすい季節。

　秋は休みもなくイベントが少ないように思えますが、「スポーツの秋」「食欲の秋」といったアクティブなテーマや、「芸術の秋」「読書の秋」といった静かなテーマまで合わせやすい季節です。夏と比べると感傷的でしみじみ趣深いようなトーンが多いですが、ハロウィンなど陽気なイベントもあるので、ターゲットに合わせたテーマで表現していくといいでしょう。

キャッチコピー例

1. 「秋が待ち遠しかった」と語る人は今年きっと多い。私がそうであるように。　(JR東海「そうだ 京都、行こう。」)

2. 秋は夕暮れ。このあと急いで帰る理由がどこにも見つからない。　(JR東海「そうだ 京都、行こう。」)

3. 「暑い」「寒い」だけで私の一年が終わるなんて、ジョーダンではありません。　(JR東海「そうだ 京都、行こう。」)

4. もみじ狩りにでかけましょう。わが家の食卓へ。　(キッコーマン)

5. 夕焼けを見ると、お腹がへるのはなぜだろう。　(キッコーマン)

6. この秋も、100年先も、ワクワクしていたい。　(LUMINE・NEWoMan)

7. 食とスポーツを楽しむ秋が来た！　(三井アウトレットパーク 滋賀竜王)

8. 謎も肴です。夢も肴です。秋の夜に。　(ニッカウヰスキー「SUPER」)

9. 秋の高尾山は、絵画だ。　(京王電鉄)

10. 年に1度は、自分をやめよう。　(LOFT「LOFT 2014 HALLOWEEN」)

11. 食欲が、旬です。　(サンプル自作)

12. 景色は、変わりはじめが、美しい。　(サンプル自作)

こんな言葉もおすすめ！

・赤	・食欲	・芸術	・じっくり
・黄	・読書	・実り	・しっとり
・穂	・紅葉	・恵み	・ハロウィン
・夜	・魔法	・彩り	・化ける
・月見	・収穫	・かぼちゃ	・着替える
・秋風	・発見	・スポーツ	

解説

「私がそうであるように」という言葉で、説得力を持たせているキャッチコピーです。話し手の本音がキャッチコピーに入っていると共感しやすい表現になっていきます。

美しい紅葉を見ながらゆっくり歩く贅沢感が伝わってくるキャッチコピーです。「急いで帰る理由がどこにも見つからない」という逆説的な表現で、秋をゆっくり満喫したくなってきます。

秋をしっかり楽しみたくなってくるようなキャッチコピーです。「ジョーダンではありません」という話者の気持ちを前面に出すことでメッセージが強くなっています。

紅葉を鑑賞するだけがもみじ狩りではなく、秋の食材を楽しむこともももみじ狩りであるという新しい提案でインパクトを持たせているキャッチコピーです。

「夕焼け」という言葉で秋を連想させつつ、「お腹がへる」という言葉で夕暮れ時の晩御飯の匂いを連想させられるようなキャッチコピーです。　問いかけ

「この秋」に「100年先」という言葉を併せることで、インパクトを出しているキャッチコピーです。秋に着る服だけではなく、ずっと愛せる服が見つかることを期待させるような表現です。　数字

食とスポーツイベントのオータムフェアで使われたキャッチコピーです。「食」や「スポーツ」以外にも、色んなテーマと「秋」を合わせてみるのもいいでしょう。

ウイスキーをしみじみ味わっている時の贅沢感が伝わってくるキャッチコピーです。色んな想いにふけりながら、ウイスキーとともに秋の夜を楽しむような情景が浮かんできます。

高尾山の紅葉を「絵画」と例えて表現することで、山の自然が美術館のように感じてくるキャッチコピーです。「〜のような」という言葉を付けずに言い切ることで、インパクトのあるキャッチコピーになっています。　たとえ

ハロウィンイベントのキャッチコピーです。「変身しよう」ではなく「自分をやめよう」と言うことで、いつもの自分を離れて思いっきりコスプレを楽しみたくなってくるような表現になっています。

グルメフェアの広告を想定したキャッチコピーです。秋の味覚を思いっきり楽しみたくなるように表現しました。

紅葉を見に行きたくなるようなキャッチコピーを狙って制作しました。自然が変わる様子を貴重な風景だと感じさせるように表現しました。

冬 季節ワード

温かさや華やかさが感じられる季節。

　寒い冬だからこそ、人の温かさやイベントの華やかさを強調しやすくなります。スキーやスノボーなどのレジャーだけではなく、クリスマスやお正月などのイベントや、受験シーズンでもあるので、ターゲットに合わせて、広告やキャッチコピーのテーマを設定するといいでしょう。冬はロマンチックなトーンやほっこりするトーンが合いそうです。

キャッチコピー例

1. この冬、雪をとかすほど、勉強に燃えてみようよ。 （早稲田アカデミー）

2. 受験が冬にあるのは、そのあと春が来るからだと思う。 （名古屋鉄道・サークルKサンクス・ポッカサッポロフード＆ビバレッジ）

3. ぜんぶ雪のせいだ。 （JR東日本「JR SKISKI」）

4. 愛に雪、恋を白。 （JR東日本「JR SKISKI」）

5. 冬の日の窓あかりは　灯台のようだ （積水ハウス）

6. 和食は、冬の花火だ。 （キッコーマン）

7. 冬のごほうび （JR東日本「行くぜ、東北。SPECIAL 冬のごほうび」）

8. みんな違って、みんなクリスマス。 （渋谷スクランブルスクエア「Shibuya Scramble Xmas」）

9. 私のジングルベルを鳴らすのは、帰って来るあなたです。 （JR東海「XMAS EXPRESS」）

10. 開けまして、しあわせ。 （ハースト婦人画報社「婦人画報のお取り寄せ」）

11. 会いたくなる、が降り積もる。 （サンプル自作）

12. 一年を振り返るには、まだ早い。 （サンプル自作）

こんな言葉もおすすめ！

・雪	・温泉	・新しい	・ロマンチック
・結晶	・静寂	・幻想的な	・サンタクロース
・白銀	・空気	・澄んだ	・イルミネーション
・透明	・温もり	・こたつ	・始める
・新年	・寒い	・クリスマス	・降る
・夜空	・暖かい	・プレゼント	・積もる

解説

「さぁ、今年は勉強やるぞ」とスイッチを入れてくれるような受験生応援のキャッチコピーです。「雪をとかすほど」という言葉で、冬に合った表現になっています。 たとえ

受験勉強をがんばった先に報われる春が待っていると、受験生に希望を与えるようなキャッチコピーになっています。受験生応援のメッセージは企業のイメージを上げることにもつながります。

ゲレンデでの恋模様を描いたキャッチコピーです。「ぜんぶ〜のせいだ」と、アレンジして使ってもらえるような表現にすることで、シェアしやすいキャッチコピーにもなっています。

「行き」を「雪」、「しろ」を「白」と冬の言葉にすることでインパクトを持たせているキャッチコピーです。ゲレンデでの恋を感じさせるようなロマンチックな表現です。 漢字変換

寒い冬の窓灯りを「灯台」と例えることでインパクトを持たせているキャッチコピーです。窓灯りから家の安心感や温かさを感じられる表現になっています。 たとえ

冬の広告であえて「花火」という夏の言葉を使うことでインパクトを持たせているキャッチコピーです。お鍋などの冬の料理が「花火」という言葉で華やかに感じられます。 たとえ

東北の冬旅行をプレミアムなものに感じさせるキャッチコピー（キャンペーン名）です。「ごほうび」とひらがなにすることで、温かさを感じられるような表現になっています。

多様性が尊重される今の時代とマッチしているクリスマスのキャッチコピーです。家族や恋人との色んなクリスマスの過ごし方を肯定しているような表現です。 リフレイン

クリスマスでの恋人同士の出会いをドラマチックに描いているキャッチコピー。「待っているのは」ではなく「ジングルベルを鳴らすのは」とクリスマスと合わせて表現しているのがオシャレです。

「あけましておめでとう」と合わせて「開けまして、しあわせ」とギフトを開ける瞬間のときめきを描いている元旦の広告のキャッチコピーです。挨拶の言葉と合わせたキャッチコピーはシーンもイメージできて効果的です。 挨拶表現

美しい冬景色を見て、大切な人に会いたくなってくるようなシーンを描いたキャッチコピーです。寒い冬だからこそ温かい交流を求めたくなる気持ちを表現しました。

冬のイベントを想定したキャッチコピーです。「一年を振り返る前に、最後に楽しい思い出をつくろう」というメッセージを込めました。

自分らしい ❲流行ワード❳

自分を解放できる気持ちよさを伝える。

　多様性が尊重される今の時代において、特定の価値観を押し付けるような表現は好まれません。一人ひとりの価値観を肯定してあげるような表現や、個性を伸ばせると期待させる表現が効果的です。ありのままの自分で生きたいと願う人に対して、そのサービスはどう貢献できるのかを掘り下げることで、時代にもマッチしたキャッチコピーになっていきます。

▶ キャッチコピー例

1 わたしらしくをあたらしく　　　　　　　　　　　（LUMINE）

2 もっとあなたらしく、あるために。　　　　　　（ユーキャン）

3 あなたらしさ、もっと自由に。
（Google「Google Pixel STATION MUSEUM」）

4 あなたらしさを、決めつけない。　　　　（軽井沢高原教会）

5 自分らしく、つながれる。　　　　　　　　　　（tapple）

6 あの人の大切な人が集まって、
あの人らしさになる。　　　　　　　　　　（ベルモニー）

7 みんなを生きるな。自分を生きよう。
（デジタルハリウッド大学）

8 閉じてく自分を、広げ続ける。
（日本経済新聞社「日経電子版【U23割】」）

9 いろんな顔がある。さかなも人間も。　　（キリン「氷結」）

10 女性らしさより、私らしさを活かしたい。
（第59回宣伝会議賞協賛企業賞 コプロ・ホールディングス）

11 もっと、奥底のあなたを。　　　　　　（サンプル自作）

12 さよなら、いい子。　　　　　　　　　　（サンプル自作）

こんな言葉もおすすめ！

・道	・自由	・それぞれ	・変わる
・夢	・偏見	・スタイル	・輝く
・個性	・自己実現	・新しい	・信じる
・独自	・決めつけ	・思いっきり	・活かす
・発見	・そのまま	・真の	・解き放つ
・表現	・ありのまま	・自分だけの	

解説

新しいファッションで新しい自分にアップデートしていくのがイメージできるキャッチコピーです。韻を踏んでいて印象に残りやすい表現にできています。

「資格を得ることで、もっと自分に自信を持って生きていきたい」という人を応援するユーキャンの姿勢が感じられるキャッチコピーです。

自分をもっと自由に表現できる機能を期待させるようなキャッチコピーです。自己表現できる商品と「自分らしさ」という言葉は相性がよさそうです。

「自分はこういう人間だから」と決めつけるのではなく、新しいことにもチャレンジしたくなってくるようなキャッチコピーです。否定形で表現することでメッセージ性を強めています。

マッチングアプリのキャッチコピーです。ただ条件の合った人と出会えるのではなく、自分が好きな趣味でつながれる、自分らしく出会えるというタップルの特徴をふまえた表現になっています。

「周りの人との関係性も含めて自分らしさである」という気づきを与えてくれるキャッチコピーです。お葬式の新しい価値を発見しているような表現です。

「みんなを生きるな」と否定してから、「自分を生きよう」と言うことで、より主張を強めているキャッチコピーです。周りに合わせるのではなく、自分らしい道を歩みたくなるような表現です。

日経新聞によって自分の価値感が広がっていくようなイメージができるキャッチコピーです。「閉じてく」「広げ続ける」と対義語を一文に入れることで、インパクトのある表現になっています。

サックスをクールに演奏する、普段と変わった一面を見せる「さかなクン」を起用した氷結のCMのキャッチコピーです。意外な一面も含めて自分らしさと言えるのかもしれません。

「女性が建設業界を目指したくなるアイデア」というテーマでのキャッチコピーです。性別関係なく自分らしさを発揮できる仕事がしたいというターゲットの気持ちを表現できています。

表面上の自分ではなく、もっと心から自分らしく生きたいと思っている人に刺さるようなキャッチコピーを狙って制作しました。

周りにいい顔を見せて生きるのではなく、本当の自分をさらけ出して生きたいと思っている人に刺さるようなキャッチコピーを狙って表現しました。

好き 流行ワード

自分の意志を表す言葉としても使える。

　相手のことが好きという恋愛感情としての意味だけではなく、自分がいいと思ったものを尊重していこうという、自分の個性や意志を力強く示す言葉としても使われます。また、「この世界が好きだ」という形容動詞としてだけではなく「"好き"で、世界を満たしたい」など名詞としても使える汎用性の高い言葉なので、表現も広がりやすいです。

キャッチコピー例

1　**今をもっと、好きになる。**　（アサヒ飲料「カルピスウォーター」）

2　**好きこそ、無敵。**　（住友生命）

3　**スキススメ**　（キリンビール「SMIRNOFF STAND」）

4　**好きだから戦える。**　（モード学園）

5　**好きならば、言え。**　（モード学園）

6　**「死ぬときぐらい好きにさせてよ」**　（宝島社）

7　**好きな色を持ち寄って、明日をもっとにぎやかに。**　（LUMINE・NEWoMan）

8　**好きが君を強くする。**　（早稲田アカデミー）

9　**100歳になっても、自分のぜんぶを好きでいたいです。**　（ワコール）

10　**好きな駅と生きてゆく**　（京王電鉄）

11　**好っきり爽快。**　（サンプル自作）

12　**人生、好きなこと、やったもん勝ち。**　（サンプル自作）

こんな言葉もおすすめ！

・熱中	・感動	・ハート	・信じる
・感性	・一瞬	・イイネ	・満たす
・未来	・満足	・ワクワク	・追求する
・人生	・笑顔	・弾む	・打ち込む
・自信	・気持ち	・彩る	・形にする
・自由	・お気に入り	・愛する	

解説

かけがえのない青春を精一杯楽しんでいくというメッセージが感じられるキャッチコピーです。「好き」という言葉を使うことで、カルピスの甘酸っぱさも想像させられる表現です。

「無敵」という言葉で、好きなことに打ち込むことの大切さを強調しているキャッチコピーです。好きだからこそどんな困難にも立ち向かえるという力強さが感じられます。

「突き進め」を「スキススメ」と言い換えたようなキャッチコピーです。自分の好きなものを全力で楽しむ人を応援するスミノフの姿勢が感じられます。

自分の好きな分野だからこそ、全力で挑戦できるというメッセージが感じられるキャッチコピーです。「好き」を挑戦する根拠として見せているような表現です。

「好きなものは好き」と隠さずに言いたくなるような表現で、好きな分野を学ぶために専門学校で挑戦したくなるようなキャッチコピーになっています。

「死」という広告ではタブーなテーマに切り込んでいるキャッチコピーです。「自由」という意味でも「好き」という言葉は使えます。

好きなファッションを一人ひとりが楽しむことで、もっと色鮮やかな明日になっていくことが感じられるキャッチコピーです。個性を尊重するようなメッセージと「好き」という言葉は相性が良さそうです。

「女の子なのに虫が好きって変かな？」と葛藤する女の子が、将来学者として活躍するCMに使われたキャッチコピーです。子どもの個性を肯定する早稲田アカデミーの姿勢が感じられます。

自分らしく生きたいと思う人に共感されるようなキャッチコピーです。「ずっと」ではなく「100歳になっても」と具体的な数字を出すことで、インパクトのあるメッセージになっています。 `数字`

普段何気なく利用している駅の見方を変えさせるようなキャッチコピーです。1つ1つの駅が愛おしく感じられてきます。

「スッキリ感」が売りの食品を想定したキャッチコピーです。「好き」という言葉は「スッキリ」の他にも「隙」「透き通る」など、別の言葉とも合わせやすいです。 `漢字変換`

転職や専門学校などを想定したキャッチコピーです。迷わずに自分の好きなことに挑戦したくなるような表現を狙って制作しました。

環境 環境ワード

その企業ならではの環境貢献を考える。

商品の機能を伝えるだけではなく、それが環境にどう貢献しているのかも求められるような時代になってきました。その中でも「環境に優しい」とただ伝えるだけでは埋もれてしまうので、その企業や商品ならではの環境貢献について掘り下げたようなキャッチコピーを意識すると、オリジナリティや説得力が生まれていきます。

キャッチコピー例

1. 環境先進を、住まいから。 （東急不動産「BRANZ」）

2. 環境に利益をもたらすことも、
商社の仕事です。 （丸紅）

3. なくてはならないインフラだからこそ、
しなくてはならない環境対策がある。 （ニチレキ）

4. 肌を想い続けたら、
環境にやさしくなりました。 （シャンソン化粧品「UV PROTECT MILK」）

5. 環境問題は分からないけど「もったいない」
なら分かる。 （第73回毎日広告デザイン賞 発言広告の部最高賞「もったいない」）

6. 地球の美しさは、折り紙つきだから。 （味の素）

7. 道は、地球にやさしいか。 （ニチレキ）

8. レトルトカレーの温め方を変える。それだけで、
地球にもやさしくなれる。 （ハウス食品グループ）

9. 出題者、地球。 （タキロンシーアイグループ）

10. 私たちの製品は、公害と、騒音と、
廃棄物を生みだしています。 （VOLVO）

11. 環境破壊を、壊す。 （サンプル自作）

12. 基準に厳しく、環境に優しく。 （サンプル自作）

こんな言葉もおすすめ！

・緑	・持続可能	・アクション	・守る
・自然	・子ども	・サステナブル	・変える
・責任	・思いやり	・美しい	・つくる
・一歩	・エコ	・きれい	・始める
・未来	・クリーン	・優しい	・愛する
・保護	・グリーン	・もったいない	・つなぐ

解説

環境貢献ではなく「環境先進」と一歩先を行く姿勢を示しながら、「住まい」という言葉で東急不動産ならではの環境貢献について表現できているキャッチコピーです。

経済活動だけではなく、環境貢献においても役割を果たしているという商社の価値を再定義するようなキャッチコピーで、気づきを与える表現になっています。

道路塗装材料を提供するニチレキならではのキャッチコピーになっています。「なくてはならない」というインフラの役割と「しなくてはならない」という環境貢献への使命感をうまく合わせて表現しています。 `対句`

「肌を想う」という商品の特徴を伝えながらも、環境貢献についてもうまく合わせて伝えられているキャッチコピーです。商品に込めた想いと、環境への想いをつなげたような表現も効果的です。

「環境問題」を「もったいない」と言い換えることで分かりやすく問題提起できているキャッチコピーです。読み手が共感できるようなトーンで表現できています。 `否定強調`

紙パッケージを推進している味の素のキャッチコピーです。紙パッケージと環境貢献を「折り紙つき」と共通する言葉で表現することでインパクトを持たせています。

「地球にやさしい道をつくる」ではなく、「道は、地球にやさしいか」と問いかけにすることで、環境問題に対するニチレキの熱意をより感じさせるようなキャッチコピーになっています。 `問いかけ`

森の中にある電子レンジでレトルトカレーを温めている広告とともに使われたキャッチコピーです。「ちょっとした工夫で地球の未来を変えられる」というメッセージが感じられます。

「解決」という言葉を使ったキャッチコピーはよくありますが、「出題者」の視点から表現することでインパクトを持たせられています。地球から出された難問に答えていく企業姿勢が感じられます。 `擬人法`

「うちの企業はこんなに環境貢献しています」と言うのではなく「今までうちはこうでした」と素直に認めることで、本気で環境問題に取り組んでいく企業姿勢を感じさせるキャッチコピーです。

「環境を守る」ではなく「環境破壊を壊す」と逆説的に伝えることで、インパクトを持たせて表現したキャッチコピーです。

「厳しく」「優しく」と対義語を入れることで、インパクトを持たせて表現したキャッチコピーです。 `対句`

サステナブル 環境ワード

サステナブルをいかに自分事にしてもらうか。

「サステナブル（サスティナブル）」「SDGs」「持続可能な社会」をテーマにした広告も増えてきましたが、その分これらの言葉だけでは埋もれやすくなってきました。ただ「サステナブルな社会を実現する」と伝えるのではなく、それがどんな社会なのか興味を持たせたり、その活動を応援してもらえるようにするなど、みんなと一緒に盛り上げるような表現を意識すると、埋もれにくいキャッチコピーになっていきます。

キャッチコピー例

1　サステナぶってるだけの、街じゃない。　　（三菱地所）

2　未来の発電はサステナブルブル　　（三菱パワー）

3　サステナブルって、自分のまわりの、
こんな笑顔を守ることだ。　　（オリックスグループ）

4　世界はサステナブルへ。
オリックスもサステナブルへ。　　（オリックスグループ）

5　笑顔にも、サステナビリティを。　　（積水化学工業）

6　お客さまとつくるサステナブルストーリーを、
これからも。　　（イオン）

7　持続可能な幸せをデザインしよう！　　（四日市青年会議所）

8　100年前から、SDGs発想。　　（日本ガイシ）

9　わたしが夢中のSDGsはじまる。　　（伊藤忠商事）

10　自分たちの毎日から、SDGsを考えよう。
　　（東急グループ「SDGsトレイン」）

11　サステナブルって、ワンダフル。　　（サンプル自作）

12　よく考えたら、SDGsでした。　　（サンプル自作）

こんな言葉もおすすめ！

・緑	・自然	・実現	・明るい
・森	・快適	・選択	・輝く
・海	・未来	・世界	・豊かな
・地球	・明日	・エネルギー	・一緒に
・生活	・笑顔	・アクション	・つくる
・成長	・社会	・優しい	・つなぐ

解説

表面上ではなく、本気でサステナブルな街を作ろうとしている三菱地所の姿勢が感じられるキャッチコピーです。「サステナぶってる」という言葉がメッセージ性を強くしています。

ブルドッグを使ったCMでのキャッチコピーです。「サステナブルブル」とサステナブルをブルドッグとしてアイコン化し、親しみやすさを感じられるように表現できています。

笑顔の女性のビジュアルとともに使われたキャッチコピーです。サステナブルをより分かりやすく定義することで、サステナブルな社会の価値を身近に感じられるように表現しています。

世界や時代の動きに合わせてオリックスも変わっていくという柔軟な企業姿勢が伝わってくるキャッチコピーです。未来に向けたアクションを感じさせるような表現になっています。

「サステナブル」と「笑顔」を組み合わせることで、サステナブルにポジティブな印象を持たせているキャッチコピーです。笑顔が続く未来をイメージできます。

「お客さまとつくる」という言葉で、自社だけではなくみんなでサステナブルな社会を目指していくという、地域の方との関係性も重視しているようなキャッチコピーになっています。

「持続可能」もよく使われる言葉になってきていますが、「デザイン」という言葉と併せて使うことで、固さが払拭されたキャッチコピーになっています。

「流行りに乗ってSDGsに取り組んでいるのではなく、SDGsができる前からずっと取り組んできた」というメッセージが感じられるキャッチコピーです。「100年前」と数字を出すことで説得力を持たせています。

SDGsがより楽しいものに感じてくるようなキャッチコピーです。自社目線ではなく相手目線からのSDGsへの取り組みの価値を伝えることで、より共感しやすい表現になっています。

SDGsをより身近な活動に感じさせてくれるようなキャッチコピーです。日常生活においてもSDGsへの取り組みを考えたくなるようなワクワク感を与えてくれます。

サステナブルな社会を目指す価値や楽しさを韻を踏んで表現したキャッチコピーです。「って」を使った表現は、気づきや親しみやすさのあるキャッチコピーになりやすくなります。

「実はずっと前からSDGsのような活動をしてきた」と伝えることで企業の信頼性やイメージを上げるようなキャッチコピーを狙って制作しました。

カーボンニュートラル 環境ワード

「カーボンニュートラル」で叶えたいのは何か考える。

「カーボンニュートラル」「脱炭素」という言葉もよく見るようになりましたが、ただカーボンニュートラルを目指していることを伝えるだけでは埋もれやすい表現になってしまいます。カーボンニュートラルを目指すことで叶えられる未来や社会、またカーボンニュートラルそのものにワクワク感を抱かせるような表現を意識すると、よりその活動を応援したくなるようなキャッチコピーになっていきます。

キャッチコピー例

1. **カーボンニュートラルに生きましょう。** （三菱重工業）

2. **ビジネスとカーボンニュートラルは共に実現できる。** （セールスフォース・ジャパン）

3. **カーボンニュートラルという言葉がまだなかった数十年前から、グループ全社をあげて、脱炭素に取り組んでいます。** （豊田通商）

4. **明日のカーボンニュートラルヒーローへ。** （東芝三菱電機産業システム）

5. **ひろがるカーボンニュートラル** （環境省）

6. **2050年までに、脱炭素社会へ。そんな先の話で地球は大丈夫なのか?** （日本経済新聞社「WE THINK.」）

7. **脱・炭素はゼロじゃない** （三菱電機「三菱電機 Biz Timeline」）

8. **そろそろ当社も"脱炭素"を!さて、何をすれば?** （電巧社「脱炭素経営ドットコム」）

9. **「温室効果ガス排出量を削減したい」目標達成のための確かな脱炭素戦略を** （SCSK「PERSEFONI」）

10. **難問を愛そう。** （本田技研工業「Hondaハート」）

11. **もっと、未来にふさわしい、エネルギーを。** （サンプル自作）

12. **CO_2を減らす。未来を増やす。** （サンプル自作）

こんな言葉もおすすめ！

- 緑
- 共生
- 一歩
- 削減
- 地球
- 自然

- 未来
- 実現
- 創造
- 地球温暖化
- 温室効果ガス
- ゼロ

- クリーン
- グリーン
- エネルギー
- 明るい
- 美しい
- 守る

- 拓く
- 輝く
- 創る
- 想う
- 考える
- 愛する

解説

「健康的に生きましょう」のようなトーンで「カーボンニュートラルに生きましょう」と伝えることで、カーボンニュートラルのある生活が豊かなものに思えてくるキャッチコピーです。

「うちではカーボンニュートラルはビジネス的に厳しい」と思っている経営者が「セールスフォースなら解決策を持っているかもしれない」と期待を抱かせるようなキャッチコピーになっています。

「カーボンニュートラルという言葉がまだなかった数十年前から」という言葉から、よりよい未来に向けていち早く動いてきたという環境活動への強い想いが感じられるキャッチコピーになっています。 `数字`

映画『スパイダーマン』とのコラボ広告のキャッチコピーです。スパイダーマンと合わせた「カーボンニュートラルヒーロー」と新しい言葉を作ることでインパクトを持たせています。

「子どもたちの未来が広がる」「ビジネスの選択肢が広がる」「日本に広がっている」など、「ひろがる」という言葉で、カーボンニュートラルにポジティブな印象を持たせているキャッチコピーです。

2050年のカーボンニュートラルの実現に対して切り込んでいるようなキャッチコピーです。カーボンニュートラル実現に向けて、いち早くアクションを起こすべきだと考えさせるような表現です。 `数字`

「脱炭素は炭素をゼロにすることではない」と伝えることで、興味を持たせているキャッチコピーです。どうすることが「脱炭素に取り組む」ことなのか、経営者の方にヒントを与えるような表現になっています。

経営者の想いを代弁しているようなキャッチコピーです。脱炭素は目指したいけど、実際に行動に落とし込めていない企業に共感させるような表現になっています。 `問いかけ`

「脱炭素戦略」という言葉で、カーボンニュートラル実現に向けて上流からサポートしてくれることを期待させるような表現になっています。

「脱炭素」「カーボンニュートラル」を「難問」と表現しているキャッチコピーです。「挑戦しよう」ではなく「愛そう」とハートフルな表現にすることで、環境活動を尊重する姿勢が伝わってきます。 `飛躍目的語`

「脱炭素」「カーボンニュートラル」を実現するための代替エネルギーの広告を想定したキャッチコピーで、「未来にふさわしいエネルギー」と先進性を感じさせるように表現しました。

「脱炭素」を「CO_2を減らす」と言い換え、「未来に希望を増やす」というメッセージと併せて伝えたキャッチコピーです。「減らす」「増やす」と対義語を使ってインパクトを持たせました。 `反対語`

おいしい 関連ワード

なぜ「おいしい」かを掘り下げる。

　食品のキャッチコピーにおいては、ただ「おいしい」と伝えるだけではなく、「なぜおいしいのか」「どうおいしいのか」など、おいしさの根拠を伝えることで、オリジナリティのあるキャッチコピーになっていきます。素材や調理のこだわりを伝えることで、「おいしい」に説得力を持たせることができます。

キャッチコピー例

1. **ビールがうまい。 この瞬間がたまらない。**
　　　　　　　　　　（アサヒ「アサヒスーパードライ」）

2. **やっぱり、**
お弁当屋さんのおべんとうはおいしい。 （ほっともっと）

3. **シャリは、すしの命。**
すべてのうまいはここから始まる。 （スシロー）

4. **仕入れるだけじゃない。**
生産者と二人三脚でうまいをつくる。 （スシロー）

5. **一段と、うまい。** （モスバーガー「テリヤキバーガー」）

6. **月見にかわって、おいしいよ。** （モスバーガー「月見フォカッチャ」）

7. **初めての「おいしい」より、**
二度目の「おいしい」。 （ピエトロ）

8. **そのおいしさ、お炭付き。** （すき家「炭火焼きほろほろチキンカレー」）

9. **4℃の約束。** （モスバーガー）

10. **肉屋の本気。** （サブウェイ「金格バーグ」）

11. **こんなの、おいしくない、はずがない。** （サンプル自作）

12. **大地の恵みを、かみしめる。** （サンプル自作）

こんな言葉もおすすめ！

・秘密	・濃厚	・やみつき	・贅沢な
・一口	・夢中	・人生で	・芳醇な
・至福	・素材	・本当に	・とろける
・究極	・食感	・忘れられない	・あふれる
・絶品	・食欲	・味わい	・ひろがる
・本格	・舌触り	・豊かな	・クセになる

解説

「ビールがうまい」と言い切った後に「この瞬間がたまらない」と伝えることで、ビールのおいしさだけではなく、ビールを飲む幸せといった体験価値まで伝えられているキャッチコピーです。キャッチコピーが長くなりそうな時は、文を分けてみることもおすすめです。

コンビニやスーパーのお弁当ではなく「やっぱり、お弁当屋さんのおべんとうはおいしい」と説得力が感じられるキャッチコピーになっています。

お寿司のシャリへのこだわりが感じられるキャッチコピーです。「すべてのうまいはここから始まる」という言葉で、シャリにかける想いをより強調させています。

生産者の情報を伝えることで、安心できるおいしさが感じられるキャッチコピーです。生産者と一体となっておいしい寿司をお届けするという情熱が感じられます。

「一段と」という言葉がハンバーガーの段とも合わさって、モスバーガーならではのキャッチコピーになっています。ワンランク上のおいしさを期待させる表現になっています。

「月にかわっておしおきよ」という『セーラームーン』の決め台詞をもじったようなキャッチコピーです。セーラームーンとコラボした月見フォカッチャならではのユニークな表現になっています。

「初めて来るお客様を満足させるだけではなく、次に来た時にもっとおいしいと思ってもらえるように努める」という企業の想いが感じられるキャッチコピーです。お客様満足度を追求する姿勢を伝えることで、おいしさへのこだわりが感じられます。

「炭火焼き」という商品特徴をふまえたキャッチコピーです。「お墨付き」ではなく「お炭付き」と漢字を変換することでインパクトのある表現になっています。 漢字変換

レタスのシャキシャキ感を出すために4℃の冷水にひたすという調理のこだわりを伝えているキャッチコピーです。調理法を伝えるだけでも、おいしさへのこだわりを表現できます。 数字

ハンバーグの入ったサンドイッチのキャッチコピーです。「肉専門店だからこそのハンバーグのおいしさ」が伝わり、商品の味を期待させる表現になっています。

おいしい素材を組み合わせたような食品を想定したキャッチコピーです。お客様の感想のようなキャッチコピーにすることでリアリティを持たせることができます。 否定強調

自然の素材を使ったおいしさが売りの食品を想定したキャッチコピーです。ほかにも「太陽の恵み」「海の恵み」など、商品の特徴に合わせて応用できます。

スマート

「便利」をクールに伝える言葉。

　「便利」や「効率的」などの意味をよりクールに表現できる言葉が「スマート」です。「〜を、もっとスマートに」と変化を伝えるだけではなく、「スマート〇〇」など造語としても活用できる便利な言葉です。ただ他社でも使われやすい言葉でもあるので、どうスマートになるのかを掘り下げて考えることで、オリジナリティのあるキャッチコピーにしていきましょう。

キャッチコピー例

1. **民主主義をもっとスマートに** （センキョ）

2. **列車利用を、もっとスマートに。** （JR九州「JR九州アプリ」）

3. **もっとスマートにつながろう。** （シャープ）

4. **キャリアアップはスマートに** （ミイダス「MIIDAS」）

5. **スマート菜園、はじまる。** （アドトロンテクノロジー「foop」）

6. **うすく　かるく　スマートに** （エレコム「MINIO」）

7. **メガネで、世界をスマートに。** （Zoff「Zoff SMART」）

8. **ウーノ　朝のスマートケア** （ファイントゥデイホールディングス「uno」）

9. **プロが選んだ上質を組み合わせる。スマートな新しい家づくり。** （三井ホーム「SELECT ORDER」）

10. **清水建設とつくるスマートシティ** （清水建設）

11. **スッとサッとスマート** （サンプル自作）

12. **スマート夜ごはん** （サンプル自作）

こんな言葉もおすすめ！

・効率	・次世代	・サクサク	・ストレスフリー
・便利	・操作性	・デザイン	・賢い
・革新	・刺激的	・スタイル	・すぐに
・柔軟	・効果的	・スムーズ	・瞬時に
・日常	・手の中	・テクノロジー	・差がつく
・生活	・センス	・ソリューション	

解説

政治家向けプラットフォームのキャッチコピーです。「政治をもっとスマートに」ではなく「民主主義をもっとスマートに」と目的語を飛躍させることで、よりインパクトのある表現になっています。

列車のネット予約などがスムーズにできるアプリのキャッチコピーです。オンライン上で手続きがスムーズにできるサービスと「スマート」という言葉は相性が良さそうです。

シャープの複合機のキャッチコピーです。印刷ができるだけではなく、仕事をする人と機器がスムーズにつながっていくイメージまで感じられます。

「転職をスマートに」ではなく「キャリアアップはスマートに」とすることで、ただ仕事を変えるだけではなく、給与アップできる、もっと成長できる環境が見つかっていくことまで期待させる表現です。

スマートフォンで水耕栽培を楽しめる商品のキャッチコピーです。家庭菜園は難しそうと思っている人でも「スマート菜園」なら、自分でもできるかもしれないと思ってもらえるような表現になっています。

名刺などが入る薄型の革小物のキャッチコピーです。商品の特徴をリズミカルに表現できています。「薄型」「小さい」「持ち運び便利」といった特徴は「スマート」という言葉と相性が良さそうです。

メガネのズレ落ちや耳の痛さを軽減してくれるメガネのキャッチコピーです。「スマート」と表現することでオシャレさを感じさせつつ「世界」という大きな目的語にすることでインパクトを持たせています。

寝ぐせ直しや洗顔など忙しい朝のケアを簡単にしてくれるunoのキャッチコピーです。「スマートケア」という言葉で、ただ効率的にケアできるだけではなく、朝の新しいライフスタイルの心地よさまで感じられます。

家の設計、インテリア、エクステリアなどを自由に組み合わせることができる家づくりのキャッチコピーです。家づくりは「スマート」という言葉を使うことで、洗練されたデザインの印象も持たせることができます。

「スマートシティ」という言葉で先進性を感じさせるだけではなく、「清水建設とつくる」と言うことで、清水建設というブランドに安心感を覚えさせるキャッチコピーになっています。

持ち運びやすさが特徴の商品を想定したキャッチコピーです。韻を踏みリズミカルにすることでインパクトを持たせています。

簡単に調理ができる冷凍食品などを想定したキャッチコピーです。「スマート〜」は、キャッチコピーだけではなくネーミングのヒントにもなりそうです。

どこでも

携帯性に優れた商品に便利な言葉。

　ポータブルでシーンを選ばずに使える商品に対して効果的な言葉が「どこでも」です。「これさえあれば」「気軽に」「自由に」などのニュアンスが伝わってきます。キャッチコピーだけではなく、「どこでもレストラン」「どこでも映画館」といったネーミングのヒントにもなる言葉です。また、「いつでも」と組み合わせて使われることも多いです。

キャッチコピー例

1　**いつでも・どこでも・何度でも**
（スマート・アナリティクス「SPSSオンライントレーニングコース」）

2　**いつでも、どこでも一緒。そばに寄り添う**
私だけのロールオン　（SHIGETA「SHIGETA PARIS ロールオンオイル」）

3　**いつでも、どこでも、誰とでも。**　（任天堂「Nintendo Switch」）

4　**いつでも、どこでも、気分を着替えて。**
（ジュリーク・ジャパン「アロマミスト」）

5　**いつでも、どこでもキレイな手。**
（健栄製薬「手ピカジェルmini」）

6　**いつでもどこでもドライシャンプー**
（ネイチャーラボ「Diane PERFECT BEAUTY」）

7　**#いつでも着圧#どこでもスリム**
（ピップ「SLIM WALK 24h マルチスキニー」）

8　**"どこでも、どこへでも"**　（あさひ「OUTRUNKe」）

9　**内線をクラウド化。どこでもオフィスに**
（アイティオール「ナイセンクラウド」）

10　**どこでも一緒に連れていって。**　（森永製菓「森永ミルクキャラメル」）

11　**どこでも。そこでも。**　（サンプル自作）

12　**どこにもない、どこでも。**　（サンプル自作）

こんな言葉もおすすめ！

・携帯	・ポータブル	・その場を	・超える
・自由	・ポケット	・好きな場所で	・広がる
・世界中	・いつでも	・あらゆる場所で	・持てる
・瞬間移動	・どこまでも	・地球上で	
・エリアフリー	・どこにいても	・手軽に	
・アクセス	・そこを	・つながる	

解説

「どこでも」に「いつでも」「何度でも」という言葉を併せることで、自由度の高い学習サービスの価値が感じられるキャッチコピーになっています。自分のライフスタイルに合わせて学べる安心感が伝わってきます。

持ち運びが便利なアロマオイルのキャッチコピーです。シーンを選ばずに使える利便性だけではなく、「そばに寄り添う」という言葉で、思いやりや優しさまで感じられる表現になっています。

家でも外出先でも何人でもプレイできるゲーム機のキャッチコピーです。「でも」と韻を踏んでリズミカルに言うことで印象深い表現になっています。自由にゲームができる楽しさが伝わってきます。

家でも会社でも気軽に気分転換ができるアロマのキャッチコピーです。服を着替えるように、気分を気軽に変えられる商品の魅力が分かりやすく伝わってきます。

持ち運びが便利なミニボトルタイプの消毒用アルコールジェルのキャッチコピーです。「どこでも消毒」ではなく「どこでもキレイな手」と言うことで、より商品の価値が伝わってきます。

持ち運べるスタイリングシャンプーのキャッチコピーです。髪のスタイリングの乱れが気になる方に、どこでも髪をセットできる安心感を伝えられています。

家でも外でも使える美脚ケアアイテムのキャッチコピーです。「いつでも〜、どこでも〜」とアレンジすることで効率よく情報を伝えつつ、ハッシュタグを付けることで拡散しやすい表現にもなっています。

折りたためる電動アシスト自転車のキャッチコピーです。「どこでも」という言葉で自転車を持ち運びできる便利さを、「どこへでも」という言葉で外出先の移動が広がる楽しさを表現できています。

「どこでもオフィスに」という言葉で、自由な働き方が叶えられる商材の価値が伝わってくるキャッチコピーです。「どこでも〇〇に」というフレーズは、他の商材でもヒントになりそうです。

「お家でのリラックスに」「お散歩や運動にも」「家事の合間に」「登山のお供に」などのサブコピーともに使われたキャラメルのキャッチコピーです。「連れていって」とキャラメルが話しかけているような可愛らしさも感じられます。

「今そこでも商品を使うことができる」と伝えることで、商品の価値を実感させるようなキャッチコピーを狙って制作しました。

商品の革新性と持ち運びの機能性を伝えたキャッチコピーです。語頭を合わせることで、表現にインパクトを持たせています。

感動 関連ワード

表現をドラマチックにする言葉。

　商品の機能的な特徴を伝えるだけではなく、内面に訴えかける時に便利な言葉が「感動」です。商品を使うことによる心の動きを連想させることで、より自分事化しやすくなっていきます。ただ「感動」という言葉に頼るのではなく、「どんな感動なのか」を具体的に想像することで、オリジナリティのある表現になっていきます。「感動」の類義語である「心を動かす」も併せて検討してみるといいでしょう。

キャッチコピー例

1 クリエイティビティとテクノロジーの力で、世界を感動で満たす。 （ソニーグループ）

2 感動で、世界をつなぐ。 （セイコーグループ）

3 私たちは、なんにだって感動できる。 （ストライプインターナショナル「earth music&ecology」）

4 たまには感動より恐怖で泣け。 （角川書店『貞子3D』）

5 すべては安心を超えた感動のために （奥保険事務所）

6 行動・感動・北海道 （JAL）

7 感動だけが、人の心を撃ち抜ける。 （アミューズ）

8 心が動く、心に残る。 （東京ドーム「東京ドームシティ」）

9 あなたが動けば、心は動く。 （スルッとKANSAI「PiTaPa」）

10 完璧な演奏と、心動かす演奏は、違う。 （富士フイルムビジネスイノベーション）

11 だれもが、感動したがっている。 （サンプル自作）

12 売り上げは、心を動かした距離だ。 （サンプル自作）

こんな言葉もおすすめ！

・心	・世界	・ストーリー	・震える
・力	・人生	・彩る	・高鳴る
・扉	・瞬間	・眠る	・揺さぶる
・感激	・体感	・刻む	・待っている
・連鎖	・ときめき	・打つ	
・連続	・ワクワク	・動かす	

解説

「世界を感動させる」ではなく「世界を感動で満たす」と表現することで、一瞬の感動ではなく、感動に満ちあふれる日常を提供していくというソニーの覚悟が感じられるキャッチコピー（パーパス）です。

「セイコーホールディングス」から「セイコーグループ」への社名変更のPRも兼ねた広告のキャッチコピーです。「感動」を軸にしたセイコーの結束力を感じさせる表現です。

「感動は、対象次第ではなく、自分の心次第で起こるもの」という気づきを与えてくれるキャッチコピーです。日常の景色が変わって見えてくるような表現です。

「感動」を引き合いに出すことで、映画の怖さを強調できているキャッチコピーです。「～より」と比較対象を表す助詞もキャッチコピーでよく使われます。

保険の安心に留まらない、お客様を喜ばせようという企業の想いまで伝わってくるキャッチコピーです。「超える」という言葉を入れることで、企業の挑戦心も伝わってきます。

韻を踏むことでインパクトを持たせているキャッチコピーです。北海道の壮大な魅力が伝わり、旅行先として選びたくなってくるような表現です。

「感動が」ではなく「感動だけが」と限定的な言葉にすることでメッセージ性を強くしているキャッチコピーです。感動するエンタメを提供するアミューズのこだわりが感じられます。

「東京ドームシティに行けば、ワクワクする体験ができ、いい思い出がつくれる」と思わせるようなキャッチコピーです。「心」をキーワードにしながら対句にすることで、印象深い表現になっています。

カード1枚で電車やバス、ショッピングが利用できるIC決済サービスのキャッチコピーです。「"動く"を応援するカード」というコンセプトと併せ、移動と心の動きを合わせたような表現になっています。

ロボットがバイオリンを持つビジュアルの中で使われたキャッチコピーです。ただ譜面通りに演奏するだけではなく、その曲に込められた想いまで技術で叶えようとする企業姿勢が感じられます。

感動の必要性や重要性に気づかせるようなキャッチコピーです。エンタメ系の商品などで使える表現を狙って制作しました。

マーケティングやコンサルなどのサービスを想定したキャッチコピーです。売り上げの数字の見方に新しい気づきを与えるような表現を狙って制作しました。

ワンストップ 関連ワード

頼りがいや心強さを感じるワード。

　「1から10まですべてお引き受けできる」という意味を表す言葉が「ワンストップ」です。幅広いサービスだけではなく、まるごと頼める心強さや安心感まで表現できますが、どの業界でも使われているので、埋もれやすい言葉でもあります。どこからどこまでワンストップにできるのかなど、より具体的に分かりやすく伝えることで、オリジナリティのある表現になっていきます。

キャッチコピー例

1　クオリティの高いLP制作・運用を
ワンストップで！　　　　　（ケイアートファクトリー）

2　SNSのアカウント運用をワンストップで
（ジェー・ピー・シー「SNSアンバサダー」）

3　展示会デザイン、まるっとおまかせ。　（YOHAKU Office）

4　不安はぜんぶ、松井にぶつけろ　　　　（松井証券）

5　わたし、ぜんぶ、うるおう。　（Dr.ルルルン「LuLuLun Lotion」）

6　1枚持って、好きな未来へ。　（みずほ銀行「みずほJCBデビット」）

7　仕事にも、ゴルフにも、どっちもこれ一着。
（オンリー「ONLY GREEN」）

8　日本を、1枚で。　　　　　（JR東日本「Suica」）

9　ジェイテクトグループの総合力で、
お客様のチカラに。　　　　（ジェイテクト）

10　一挙両読。　（第58回宣伝会議賞協賛企業賞 読売新聞社）

11　まるごと、いいしごと。　　　　（サンプル自作）

12　窓口は、2つもいらない。　　　　（サンプル自作）

こんな言葉もおすすめ！

- 全部
- 一括
- 万能
- 総合力
- 一気通貫
- すべて

- あらゆる
- まるごと
- まるっと
- まとめて
- ここだけで
- ラク

- トータル
- スムーズ
- フルサポート
- フルコミット
- オールインワン
- 1から10まで

- 一気に
- 一挙に
- 一石〇鳥
- 一台〇役

解説

「LP制作・運用をワンストップで」だけではなく「クオリティの高い」と付けることで、品質についても安心感を持たせているキャッチコピーです。

インスタグラム、ツイッター、フェイスブック、ラインといったSNSを一気に任せられる安心感が伝わるキャッチコピーで、発信が苦手な企業に刺さりそうです。

「まるっと」という言葉で、展示会準備が一気に進んでいく気持ちよさまでイメージできるようなキャッチコピーになっています。　　　　　　　　　　　　　　　　　オノマトペ

資産形成などの悩みを一気に解消できる安心感や心強さが伝わるキャッチコピーです。「ぜんぶ」や「ぶつけろ」という言葉も、頼りがいを表す表現になっています。

「ぜんぶ」という言葉で、顔から体まですべてケアできる化粧水の利便性が伝わってくるキャッチコピーです。ひらがなにすることで優しさまで感じられます。

現金もカード決済もスマホ決済も行えるカードのキャッチコピーです。「1枚持って」という言葉で「これさえあれば」というニュアンスが伝わり、行動範囲を広げてくれるイメージまで感じられます。　　　　　　　　　　　　　　　　　　　　　　　　　　　　　　　数字

会社帰りにそのままゴルフの練習ができるシャツやパンツなどのキャッチコピーです。「これ一着」という言葉で、ビジネスでもゴルフでも兼用できる利便性が伝わってきます。　　数字

日本中をカード1枚でどこでも自由に移動できる利便性が伝わってくるキャッチコピーです。「日本」「1枚」という大きい言葉と小さい言葉を合わせることでインパクトを持たせています。　数字

「ワンストップ」のほかに「総合力」もキャッチコピーでよく使われる言葉です。とくにグループ会社同士の連携を強調させたい時に便利です。

新聞もデジタルも楽しめる読売新聞の魅力を伝えているキャッチコピーです。「一挙両得」と「読」を合わせることでインパクトを持たせています。　　　　　　　　　　　　　漢字変換

「ごと」で韻を踏むことでインパクトを持たせたキャッチコピーです。「いいしごと」という言葉でサービス品質も併せて表現しました。　　　　　　　　　　　　　　　　　　　韻

否定形にすることでインパクトを持たせたキャッチコピーです。「うちに頼みさえすれば」という心強さを感じさせるように表現しました。　　　　　　　　　　　　　　　　　数字

革新 　関連ワード

最前線でリードしていることが伝わる言葉。

　企業の成長姿勢や、業界の最前線を走っているイメージを持たせられるのが「革新」です。「進化」よりもインパクトのある言葉で、挑戦の大きさが伝わります。ただどの企業でもよく使われる言葉なので、表現には一工夫が必要です。自社の革新は競合他社の革新とどう違うのか、革新で社会にどのような価値をもたらしたいのかなど、革新の中でもオリジナリティを出すような表現を意識するといいでしょう。

キャッチコピー例

1　世界に尽くせ、タケダ。
　革新的に。誠実に。 （武田薬品工業）

2　革新しつづける、という伝統。
（キヤノンマーケティングジャパン「フォトスタジオ向けソリューション 内田写真」）

3　挑戦こそが、革新をつくる。 （アウディ ジャパン）

4　強い意志だけが、革新となる。 （シチズン「アテッサ」）

5　愛と革新。 （LINEモバイル）

6　ドコモで踏み切れ。
　ここは、革新の出発点。 （NTTドコモ）

7　革新を日常に。 （ハーマンドット）

8　イノベーションは、
　このような形で突如現れる。 （大日本印刷）

9　アイデアは実現されてイノベーションとなる。 （テルモ）

10　Hello world, Hello innovation. （シンプレクス・ホールディングス）

11　革新は、不可能から始まる。 （サンプル自作）

12　We Love Innovation （サンプル自作）

こんな言葉もおすすめ！

・挑戦	・想像	・次世代	・テクノロジー
・未来	・創造	・可能性	・イノベーション
・世界	・常識	・一歩先	・築く
・加速	・時代	・最前線	・切り拓く
・価値	・変革	・リード	
・未知	・突破	・アイデア	

解説

大きな挑戦と大きな情熱が伝わってくるキャッチコピーです。「革新的に」で新しいサービスを届ける姿勢、「誠実に」で顧客へのサービス精神が感じられます。

内田写真（写真スタジオ）の紹介記事の見出しに使われたキャッチコピーです。「革新」と「伝統」という対になる言葉を一文に入れることでインパクトを持たせています。

ワールドカップブラジル大会での日本代表応援も兼ねたアウディのキャッチコピーです。新しい車の技術と日本代表の挑戦をうまく合わせた表現になっています。

ビジネスパーソンをターゲットにし、革新的な挑戦に挑む人と革新的な腕時計の技術をうまく合わせたキャッチコピーです。商品のブランドイメージがクールに伝わってきます。

温かいイメージのある「愛」と、クールなイメージのある「革新」という言葉を合わせることでインパクトを持たせているキャッチコピーです。革新的な挑戦で、愛のあるコミュニケーションを増やしていくようなイメージが感じられます。

新しい挑戦をドコモで始めたくなってくるような新卒採用サイトのキャッチコピーです。「革新の出発点」としてドコモを表現することでワクワク感を演出しています。

メディア運営やインフルエンサーマーケティングを行う企業のキャッチコピーです。いい商品を広めることで、いつもの日常を進化させていくようなイメージが感じられます。

オリンピックでクラウチングスタートをはじめに行った選手の写真とともに付けられたキャッチコピーです。イノベーションを分かりやすく表現しています。

アイデアをアイデアのまま終わらせずに、それを実現までこぎつけ、世界に革新を起こしていく姿勢が感じられる、医療の進化を支える企業のキャッチコピーです。

「Hello」という言葉で、新しい世界や新しいサービスが始まるワクワク感を演出しています。簡易な英語で表現することで分かりやすくし、インパクトを持たせられます。

挨拶表現

革新の始まりを描いたキャッチコピーです。だれもが「無理だ」と思うことに対して立ち向かう姿勢を革新の一部として考えました。

新しい挑戦を好む企業を想定したキャッチコピーです。簡易な英語にすることでクールに表現しています。

職人 関連ワード

品質やこだわりを示せる言葉。

　商品そのものの質を表現するのではなく、それを作る「職人」「プロ」といった人にフォーカスを当てることで、こだわりや品質に説得力を持たせられる言葉です。食品も生産者が分かると安心するように、あらゆる製品もそれを作る「人」を感じさせることで、より安心感をもたらすことができます。職人は静かな情熱、プロはスマートな印象が感じられます。

キャッチコピー例

1. **ブランドがある国は、職人がいる国だ。** （FLANDRE）

2. **バリ取りは職人ワザだ** （藤本工業）

3. **職人たちがあってこそ。** （村田ボーリング技研）

4. **大きさ、味、理想のみかんを追い求める みかん職人** （ぷらっとぎょくとう「ぎょくだん『ミチヒロ』のみかん」）

5. **いい職人に、いい会社を。** （助太刀）

6. **プロの仕業か。** （サントリー「ザ・カクテルバー プロフェッショナル」）

7. **プロのハンドドリップを再現した コーヒーメーカー** （無印良品「豆から挽けるコーヒーメーカー」）

8. **ZERO→PRO** （モード学園）

9. **つくるプロはたくさんいる。 壊すプロはまだまだ少ない。** （アキヤマ）

10. **住まいのプロはたくさんいますが、小田急沿線の プロは私たちだけです。** （第52回宣伝会議賞協賛企業賞 小田急不動産）

11. **これが、職人の味。** （サンプル自作）

12. **プロとなら、いける。** （サンプル自作）

こんな言葉もおすすめ！

- ・技
- ・腕
- ・手
- ・匠
- ・情熱
- ・細部

- ・精巧
- ・最高
- ・至高
- ・究極
- ・知見
- ・信頼

- ・品質
- ・視点
- ・熟練
- ・上質
- ・技術
- ・芸術

- ・ノウハウ
- ・確かな
- ・巧みな
- ・驚く
- ・一線を画す

解説

ブランドそのものの価値について気づかせるようなキャッチコピーです。ブランドをつくる職人にフォーカスを当てることで、商品の品質を感じさせるように表現できています。

金属製品などの研磨作業である「バリ取り」の品質を表現しているキャッチコピーです。本当にいいバリ取りは職人にしかできないというニュアンスも感じられます。

「あってこそ。」と区切ることで、信頼できる職人がいることへの誇りが伝わってくるキャッチコピーです。静かでクールなトーンで表現することで、「職人」という言葉が引き立っています。

みかんの品質に対する職人のこだわりが感じられるキャッチコピーです。「大きさ、味」と理想のみかんの特徴を具体的に表現することで説得力を持たせられています。

建設現場の求人に特化したアプリのキャッチコピーです。「人」ではなく「職人」と表現することで、建設業のサービスであることや、腕のいい人材が見つかることをイメージさせる表現になっています。

「ザ・カクテルバー プロフェッショナル」の商品名とも合わせているキャッチコピーです。「プロの味」ではなく「プロの仕事」と言うことで商品にかけるプロのこだわりを強調できています。

「おいしいコーヒーメーカー」と伝えるのではなく「プロのハンドドリップを再現した」と具体的に表現することで、おいしさに説得力を持たせているキャッチコピーです。

「ゼロの状態の学生を、プロに変えていく」という学校の使命が感じられるキャッチコピーです。「PRO」「ZERO」と韻を踏むことでよりキャッチーに表現できています。

解体事業を手掛ける企業のキャッチコピーです。「解体」を「壊すプロ」と言い換えることで、解体の仕事に憧れを抱かせるような表現になっています。

「小田急沿線の不動産ならやっぱり小田急不動産に相談しよう」と思わせるようなキャッチコピーです。自社のサービスの強みを分かりやすく伝えられています。

「おいしい」を「職人の味」と言い換えることで、作り手まで想像させるようなキャッチコピーです。「職人の〜」という表現は他分野の商品でも使えそうです。

プロが伴走してくれるコンサルティングサービスなどを想定したキャッチコピーです。プロがそばにいることの安心感を強調しています。

コスパ 関連ワード

いかに安っぽく見せないか。

　値段の安さを強調したい時、そのまま伝えると「品質が低いのでは？」と思われがちです。「安い」の言い換えとして「コスパ」「リーズナブル」「プチプラ」など別の言い方にもできますが、どれも埋もれやすい表現なので一工夫が必要です。値段を見た時の顧客の驚きを表現したり、品質の高さも併せて伝えてみたりするなど「安い」だけにならない伝え方を意識しましょう。

キャッチコピー例

1　**コスパが決め手！近鉄** （近鉄「名阪特急」）

2　**コスパの良い、マカがキタ。** （ナチュラルレインボー「MACA RUSH」）

3　**たった100円でおうちがヨガスタジオに！** （SOELU）

4　**安いクセして。** （西友）

5　**お、ねだん以上。** （ニトリ）

6　**価格以上の価値ある家を、わかりやすいシステムで。** （スペースエージェンシー「アラセンハウス」）

7　**プライスに、サプライズを。** （イトーヨーカドー）

8　**ずっと良い値。** （無印良品）

9　**ありえ値ぇ！** （ドン・キホーテ）

10　**他が高けぇ** （第57回宣伝会議賞ブロンズ 赤城乳業「ガリガリ君」）

11　**どこまで、安くせずに、安くできるか。** （サンプル自作）

12　**みんなに、幸せな、価格崩壊を。** （サンプル自作）

こんな言葉もおすすめ！

・安心	・お買い得	・思いやり	・驚きの
・最強	・お試し	・手頃な	・優しい
・情熱	・これ以上	・手の届く	・うれしい
・節約	・プチプラ	・どこよりも	・気にしない
・お得	・バリュー	・誰にでも	・手に入る
・お手頃	・サービス	・親切な	

解説

「コスパ」の1点の強みに振り切ったキャッチコピーです。「決め手」という言葉で「他と比べてやっぱり近鉄の方がお得」というニュアンスが感じられます。

これまでのマカとの違いを分かりやすく伝えられているキャッチコピーです。「キタ」という言葉で、新商品の登場感や期待感を表せています。

「たった100円」と具体的に料金を出すことでインパクトを持たせているキャッチコピーです。「オンラインでヨガができる！」ではなく「おうちがヨガスタジオに！」と伝えることで、サービスの魅力が分かりやすく伝わってきます。 数字

「安いクセして。」と区切ることで、品質の良さや商品の満足感を連想させるようなキャッチコピーになっています。「安いのに。」ではなく「安いクセして。」と言うことで、より愛着を感じる表現になっています。

「お値段」と「お」という感嘆詞を合わせたキャッチコピーです。「お」という言葉で、コスパの感動をリアルに伝えられています。また、「以上」という言葉で品質の良さまで感じられます。

「価格以上の価値ある家」という言葉で、コスパの良さを伝えつつ、家のブランドイメージを崩さずに品質の良さまで伝えられているキャッチコピーです。

「プライス」「サプライズ」と韻を踏むことで印象深く伝えられているキャッチコピーです。お客様を喜ばす価格に挑戦しようとするお店の姿勢が感じられます。 韻

「イイネ」と「良い値」を合わせているキャッチコピーです。「安い」ではなく「良い値」と言うことで、ブランドイメージを崩さずにコスパの良さを伝えられています。 漢字変換

「ありえねぇ」と「値」と合わせて伝えているキャッチコピーです。驚きのある価格をお客様のリアルな言葉にして表現することでインパクトも持たせられています。 漢字変換

ガリガリ君の安さを伝えるのではなく、他の商品の高さをお客様目線から伝えることでインパクトを持たせているキャッチコピーです。

品質を下げずに値段を下げていくことへの挑戦を伝えたキャッチコピーです。「安くせず」「安くできる」と反対語を組み合わせることでインパクトを持たせています。 反対語

「幸せ」と「価格崩壊」を組み合わせることでインパクトを持たせたキャッチコピーです。「価格崩壊」をポジティブな意味で捉えることで表現にアクセントを付けています。

安心

「安心」をどう引き立てるか。

　どのジャンルの商材でも使われやすいキーワードが「安心」ですが、この言葉だけではインパクトを持たせにくいです。オリジナリティのある表現にするために、「こういう理由があるから安心」「こんなリスクがないから安心」と安心を引き立てるような、「安心」自体にキャッチフレーズを付けるような意識で制作すると埋もれにくい表現になっていきます。

キャッチコピー例

1　**安心を、もっと安く。**　　　　　（ソニー損保）

2　**友達と一緒だと安心。**
　でも同じだと不安。　　　　　（マイナビ）

3　**見慣れたあの看板が、遠い故郷の町にもある。**
　それだけで、なぜか安心した。　　　　　（ENEOS）

4　**ダンボールにさわると、安心しませんか。**　　（レンゴー）

5　**いつものごはんに安心を。**　　　　　（ペットライン「Medycoat」）

6　**「あなたがいると、安心する」**　　　　　（サンアイク）

7　**住む人の幸せ　安心安全に暮らせる家に**　　（増子建築）

8　**安心をギュット乗せて。**　　　　　（パナソニック「Gyutto」）

9　**ラクチンも、安心も。**
　グリーンコープおねがい！　　　　　（グリーンコープ）

10　**鳴らないあんしん、鳴るあんしん。**
　　　　　（第57回宣伝会議賞協賛企業賞　ホーチキ）

11　**すべては安心から始まる。**　　　　　（サンプル自作）

12　**見た瞬間、安心する。**　　　　　（サンプル自作）

こんな言葉もおすすめ！

- 安全
- 安定
- 信頼
- 信用
- 保証
- 丁寧

- 万全
- 余裕
- 百人力
- 大丈夫
- 万が一
- パートナー

- バック
- サポート
- 心強い
- 外さない
- 間違いない
- 確かな

- 守る
- 任せられる
- お願いできる
- ホッとする
- 助かる
- 頼りになる

解説

保険料のコスパの良さを伝えられているキャッチコピーです。「もっと」という言葉で他の保険よりも気軽に入りやすい保険であることが感じられます。

「一緒」「同じ」、「安心」「不安」という対比でインパクトを持たせているキャッチコピーです。友達に合わせるのではなく、プロに相談して自分らしい就活を始めたくなるような表現になっています。 `対句`

ENEOSのオレンジ色の看板の安心感を伝えられているキャッチコピーです。見慣れたガソリンスタンドの看板が日本中にある安心感をうまく表現できています。

ダンボールの温かさや頑丈さを「安心」と言い換えられているキャッチコピーです。問いかけ型にすることで共感を覚える表現になっています。 `問いかけ`

愛するペットのごはんを考えてあげたくなるようなキャッチコピーです。「いつもの」と付けることで、安心できるペットライフが明日も続いていくようなイメージができます。

車屋さんの採用サイトのキャッチコピーです。お客様のリアルなセリフをそのままキャッチコピーにすることで、仕事のやりがいを表現できています。

作り手の真心が感じられる、建築会社のキャッチコピーです。「信頼できる確かな家を建てたい」と思っているお客様に刺さりそうな表現です。

小さいお子さんを乗せられる電動アシスト自転車のキャッチコピーです。商品名の「Gyutto」と合わせることで、商品コンセプトまで分かりやすく伝わってきます。 `オノマトペ`

商品を届けてくれる便利さを「ラクチン」、産地や原料の品質の高さを「安心」という言葉でうまく合わせて伝えられているキャッチコピーです。

万が一の時はアラームで教えてくれて、平常時は誤作動しないように工夫されている住宅用火災警報器のキャッチコピーです。口ずさみたくなるほどリズミカルに表現できています。 `対句`

「安心」に力を入れている商品やサービスを想定したキャッチコピーです。安心そのものの価値を強調する表現を狙って制作しました。

スタッフの第一印象やブランドのロゴなど、一目で安心できる特徴がある商材を想定したキャッチコピーです。

171

ワクワク 関連ワード

その商品ならではのワクワクを考える。

　商品を使用する前のワクワク感や、その商品を楽しんでいるお客様の気持ちを想像し、それを具体的に描写するだけでも共感しやすいキャッチコピーになっていきます。「ワクワク」「おもしろい」という言葉を直接使わなくても、「どんなワクワクなのか」「どんなおもしろさ」なのかを考えてみることで、オリジナリティのあるキャッチコピーが出てきやすくなります。

キャッチコピー例

1 **おもしろくて、ためになる**　（講談社）

2 **おもしろい年になりそうだ。**　（パナソニック）

3 **前例がないと、ワクワクする。**　（あなぶき興産）

4 **さぁ、ワクワクのあるコンビニへ。**　（サークルKサンクス）

5 **今までなかったワクワクを。**　（日産自動車）

6 **胸が鳴ったら、すすめの合図。**　（京都きもの友禅）

7 **レディの鼓動をきかせてあげる。**　（資生堂「マキアージュ」）

8 **迷ったら、ハズむほう。**　（ブルボン「フェットチーネグミ」）

9 **わたしがわたしのパワースポット**　（LUMINE）

10 **あげるって、たのしい。**　（ゴディバ ジャパン）

11 **ワクワクが、正解。**　（サンプル自作）

12 **うるさい鼓動でいこう。**　（サンプル自作）

こんな言葉もおすすめ！

・興奮	・高揚	・未知の	・心躍る
・体験	・驚き	・想像以上の	・高鳴る
・感動	・ドキドキ	・前例のない	・ときめく
・特別	・新しい	・まだ見ぬ	・あふれる
・最高	・楽しい	・これまでなかった	
・冒険	・初めての	・弾む	

解説

「おもしろい」だけではなく「ためになる」という言葉に講談社のこだわりが感じられるキャッチコピーです。講談社が提供する書籍の価値を感じられます。

2020年元旦に出された、東京オリンピックをテーマにした新聞広告のキャッチコピーです。「なりそうだ」と口語調にすることで、より共感を抱かせる表現になっています。

「前例がない」という言葉を入れることで「ワクワク」を引き立て、新しい挑戦への高揚感が伝わるキャッチコピーになっています。

「ワクワクのあるコンビニ」と伝えることで、他のコンビニとの違いを打ち出しているキャッチコピーです。独自のサービスを期待させるような表現になっています。

「今までなかった」という言葉を付けることで、よりワクワクを引き立てるようなキャッチコピーになっています。新しいドライブ体験の高揚感を感じさせるような表現です。

新成人に向けたメッセージ広告でのキャッチコピーです。自分がワクワクするものに素直に挑戦したくなってくるような、背中を押してくれる表現です。

「鼓動」という言葉で胸の高鳴りを表現しつつ、「きかせてあげる」と誘うような言葉でドキッとさせるようなインパクトのあるキャッチコピーです。

グミを選ぶ時だけではなく、人生においても「迷ったら、ハズむほう」とワクワクを演出してくれるようなキャッチコピーになっています。

胸の高鳴りを「パワースポット」と例えることで、自分がワクワクするものやイベントを素直に体験したくなるようなキャッチコピーです。

バレンタインデーの価値を気づかせるようなキャッチコピーです。「言われてみると確かにそうだ」となるような価値を見つけることも、キャッチコピー作りにおいて大切です。

「自分がワクワクする道を選ぼう」という意味を込めたキャッチコピーです。「正解」と短く言い切ることでインパクトを持たせました。

「うるさい」という言葉でインパクトを持たせつつ、商品を体験している時のワクワク感を表現したキャッチコピーです。

全然キャッチコピーが思いつかない時…。

　たとえプロのコピーライターであっても、なかなかいい言葉が出ずに煮詰まってしまうことは多々あります。数時間たってもペンが全く動かないことも…。そんな時に私が試している「アイデアのつまり解消法」を3つ紹介します。

①散歩する

　キャッチコピーを考える場所は、別にパソコンの前じゃなくてもいいわけです。どうせなら気持ちよく散歩しながら考えてみましょう。そうすると、脳がリフレッシュされ、自然体な言葉が出てきやすくなってきます。体を動かすと、脳も一緒に動いていきます。

②画像検索する

　商品名やキーワードを入れて画像検索してみましょう。そうすると文字の資料だけでは見えてこなかった商品のシーンや世界観、ターゲットのストーリーなどが浮かんでくることがあります。言語を司る左脳だけではなく、イメージ力や想像力を司る右脳にも、キャッチコピー作りのお手伝いをしてもらいましょう。

③なりきる

　「この商品、ラッパーだったらどう表現するかな」「お笑い芸人だったら、どう伝えるかな」「うちの母親だったら何て言いそうかな」「3歳の息子だったら、何て言うかな」など、色んな人になりきってその商品を表現してみましょう。自分の視点だけでは思いつけなかったキャッチコピーが出てくるかもしれません。

　また、キャッチコピー作りはその日の体調や気分によって大きく影響されるところがありますので、もし時間がある時は日を空けることも1つの手です。1日で一気に考えるよりも、毎日少しずつ「コピーの時間」を作って考える方が楽しく取り組めるかもしれません。

第 3 章

テクニック別キャッチコピー

漢字変換

ダブルミーニングができるレトリック

「最高」を「最香」と変換して香辛料の魅力を伝えるなど、熟語の一部を漢字変換することで、2つの意味を一気に伝えることができます。キャッチコピーが長くなってしまう時は、関連ワードとなる漢字を使って熟語の一部を変換できないか考えてみることで、短くできるだけではなく、新しいキーワードまで作れるかもしれません。漢字の予測変換の候補を見ながら適した漢字がないか調べてみるのもいいでしょう。

1 あした転機になあれ。 （マイナビ「マイナビ転職」）

2 最香の贅沢 （エスビー食品「S&B本生シリーズ」）

3 ありえ値ぇ! （ドン・キホーテ）

4 休憩しよう爽しよう♪ （ロッテ「爽」）

5 老い、待て。 （第60回宣伝会議賞シルバー 分子生理化学研究所「ワカサプリ」）

6 未来に向かって。いざ、発信。 （第60回宣伝会議賞協賛企業賞 嘉穂無線ホールディングス）

7 さあ、弾きこもろう。 （第60回宣伝会議賞協賛企業賞 ローランド）

8 いくつになっても、整腸できる。 （第58回宣伝会議賞協賛企業賞 ビオフェルミン製薬「新ビオフェルミンS」）

9 一挙両読。 （第58回宣伝会議賞協賛企業賞 読売新聞社）

10 書け巡れ、縦横無尽。 （第56回宣伝会議賞協賛企業賞 日本ノート）

11 暮らしを、住横無尽に。 （サンプル自作）

12 幸告をつくる。 （サンプル自作）

最高の香辛料で、料理を贅沢にする。

▼　漢字変換

最香の贅沢

（エスビー食品「S&B本生シリーズ」）

「天気」と「転機」を合わせたキャッチコピー。転職支援をすることであなたの明日をもっといい日にしていきたいという、マイナビから求職者に対する想いが感じられる表現です。

「高」と「香」を合わせたキャッチコピー。ただの香辛料ではなく、素材を最高に引き立てる上質な香辛料を提供したいというわさびへのこだわりや品質が感じられる表現です。

「ね」と「値」を合わせたキャッチコピー。驚きのあるリーズナブルな価格を「ありえねぇ」という口語調の言葉で表現することでインパクトを持たせています。

「そう」と「爽」を合わせたキャッチコピー。つい口ずさみたくなるようなリズミカルな表現で、「爽」で一息つきたくなるような合言葉となっています。

「おい」と「老い」を合わせたキャッチコピー。老化が気になり出したターゲットの気持ちを的確に、かつユーモラスに捉え、老化防止に興味を持たせるような表現です。

「発進」と「発信」を合わせたキャッチコピー。未来に向かって挑戦していく企業姿勢だけでなく、「無線」という企業名とも併せて伝えられています。

「引き」と「弾き」を合わせたキャッチコピー。おうち時間が増えてきたコロナ禍において、楽器でおうち時間を楽しくしていけるような印象を覚える表現です。

「成長」と「整腸」を合わせたキャッチコピー。生後三か月から飲める整腸剤の特徴を「いくつになっても」という言葉でうまく表現しています。

「両得」と「両読」を合わせたキャッチコピー。紙でもデジタルでも楽しめる読売新聞の魅力を「読」という漢字変換を使ってうまく表現できています。4文字熟語は漢字変換技が使いやすいです。

「駆け」と「書け」を合わせたキャッチコピー。「思った通りに書きやすいノート」という特徴が伝わり、どんな教科でもまとめられそうな安心感が伝わってきます。

「縦」と「住」を合わせたキャッチコピー。ライフスタイルに合わせてカスタマイズできる住宅などで使える表現を狙って制作しました。

「広」と「幸」を合わせたキャッチコピー。生活者を幸せにするようなコミュニケーションを行っていく広告代理店や広告制作会社などで使える表現を狙って制作しました。

韻

79
technique

Ａより、 Ｂだ。

比較することで主張を強める。

　スイカの甘さを引き立てるために塩をかけるように、何かを主張するためにその対となるものを比較対象にして表現することも効果的です。具体的には「〜より」という言葉を使って表現できないか考えてみましょう。比較対象となるものは競合を意識したものでも、「未来」といった抽象的なものでも効果的です。比較表現は、キャッチコピーだけではなく、広告のコンセプトを考える時にも便利です。

キャッチコピー例

1　**モノより思い出。** （日産自動車「セレナ」）

2　**正解より別解** （博報堂）

3　**向き不向きより、前向き。** （リクルート）

4　**未来より先に動け。** （ヤマトグループ）

5　**たたくより、たたえ合おう。** （ACジャパン）

6　**セールストークよりガールズトーク。** （ダスキン）

7　**欲しいのは「新しいモノ」より「いいモノ」かもしれない。** （第60回宣伝会議賞協賛企業賞 優良ストック住宅推進協議会「スムストック」）

8　**女性らしさより、私らしさを活かしたい。** （第59回宣伝会議賞協賛企業賞 コプロ・ホールディングス）

9　**息子に聞くより早いわ。** （第57回宣伝会議賞シルバー ヤフー）

10　**ため息つくより、ひと息つきましょ。** （第56回宣伝会議賞協賛企業賞 サントリー「伊右衛門」）

11　**「がんばって」より、缶コーヒー。** （サンプル自作）

12　**100回の会議より、1回の挑戦。** （サンプル自作）

178

公　式

疲れたら、お茶を飲もう。

▼　Aより、Bだ。

「ため息つくより、ひと息つきましょ。」

（第56回宣伝会議賞協賛企業賞サントリー「伊右衛門」）

解　説

「思い出」を強調させるために「モノ」を引き合いに出したキャッチコピー。車そのものではなく車の体験価値を感じさせられ、セレナでドライブに出かけたくなります。

「別解」を強調させるために「正解」を引き合いに出したキャッチコピー。正しいことよりもユニークなことを大切にしている企業姿勢が感じられる表現です。　　韻

「前向き」を強調させるために「向き不向き」を引き合いに出したキャッチコピー。「向き」という言葉で合わせることで読みやすく、印象深い表現になっています。　　韻

最前線のサービスを強調させるために「未来」を引き合いに出したキャッチコピー。「未来に向かって」ではなく「未来より先に」という表現で最前線のサービスを提供する姿勢が伝わってきます。

「たたえ合う」を強調させるために「たたく」を引き合いに出したキャッチコピー。思いやりをもって人に接したくなるような表現です。　　韻

「ガールズトーク」を強調させるために「セールストーク」を引き合いに出したキャッチコピー。営業担当としてではなく、心を通わせるパートナーとしてお客様と接したいという想いが感じられます。　　韻

「いいモノ」を強調させるために「新しいモノ」を引き合いに出したキャッチコピー。新築が主流の不動産業界に対して、中古住宅の価値を気づかせるような表現になっています。

「私らしさ」を強調させるために「女性らしさ」を引き合いに出したキャッチコピー。性別関係なく、個を尊重するような企業姿勢が感じられる表現です。

「ヤフーの便利さ」を強調させるために「息子に聞くこと」を引き合いに出したキャッチコピー。親世代がヤフーを使って調べものをしたくなる表現になっています。

「ひと息」を強調させるために「ため息」を引き合いに出したキャッチコピー。「息」で合わせることで、より読みやすく印象深い表現になっています。　　韻

「缶コーヒーの差し入れの温かさ」を強調させるために「がんばって」を引き合いに出したキャッチコピー。セリフを入れることでより分かりやすく表現しました。

「挑戦」を強調させるために「会議」を引き合いに出したキャッチコピー。数字で対比させることでメッセージを強めています。　　数字

Ａって、Ｂ だ 。

気づきを書く。

　キャッチコピーは、新しい「気づき」や「発見」を含めた表現にすることでインパクトを持たせることができます。その気づきや発見を見つけるためのヒントとして「Ａって、Ｂだ」というフォーマットに当てはめて考えてみるのがおすすめです。ＡとＢが離れた言葉であればあるほど、よりインパクトのあるキャッチコピーになっていきます。

キャッチコピー例

1 **伝えるって、つなぐこと、だと思う。** （毎日新聞社）

2 **コケるって、愛でした。** （朝日放送テレビ「新婚さんいらっしゃい！」）

3 **あいたいって、あたためたいだ。**
（キリンビバレッジ「キリン 午後の紅茶」）

4 **卒業って、出会いだ。** （リクルート）

5 **迷うって、青春だ。** （マクドナルド「チキンタツタ」）

6 **夢中って無敵だ。** （Microsoft社「Microsoft Surface」）

7 **むちゅうって、よごれることだ。**
（花王「ビオレu　泡ハンドソープ」）

8 **いちずって、甘ずっぱい。** （アサヒ飲料「カルピスウォーター」）

9 **表情って それだけでギフトだ** （資生堂）

10 **つくるって、思い出。** （ハウス食品「フルーチェ」）

11 **挑戦って、尊い。** （サンプル自作）

12 **未来って、今だ。** （サンプル自作）

子どもが夢中になって遊んでいる時は、手が汚れていることが多い。

▼ Aって、Bだ。

「むちゅうって、よごれることだ。」

(花王「ビオレu 泡ハンドソープ」)

「見過ごされた現実をそのままにしておくと、人も世界もバラバラになる。だから、気づいた人が周りの人に伝えていく」というCMのメッセージともに使われたキャッチコピー。「伝える」ことの意義を気づかせるような表現です。

「新婚さんいらっしゃい！」の番組名物「椅子コケ」をテーマにしたキャッチコピー。椅子からコケることで新婚さんの話を面白く盛り上げる元司会者の桂文枝さんの想いを「愛」と表現しています。

冬シーズンのホットの「午後の紅茶」のCMで使われたキャッチコピー。午後の紅茶の温かさと恋の温かさを合わせたような表現になっています。 韻

「卒業」と「出会い」と対極にある単語をつなぐことでインパクトを持たせているキャッチコピー。卒業後の新しい出会いを期待させ、未来に目を向けさせるような表現です。 反対語

2種類のチキンタツタの発売に合わせて使われたキャッチコピー。青春漫画『タッチ』とコラボした広告で、どちらのタツタにしようかという迷いを青春と見立てて表現しています。

「夢中になれるデバイス」という商品コンセプトが伝わってくるノートPCのキャッチコピー。商品にワクワク感を覚えさせるような表現になっています。

子どもの手の汚れをテーマにしたハンドソープのキャッチコピー。手が汚れるほど夢中になってたくさん遊ぶ子どもたちをハンドソープで支えるようなメッセージが感じられます。

カルピスウォーターの甘酸っぱさと、恋の甘酸っぱさを合わせたようなキャッチコピー。「いちず」という言葉で、カルピスウォーターの純粋なおいしさまで表現できています。

女性の豊かな表情を生み出していく「資生堂 表情プロジェクト」のキャッチコピー。いい表情になる化粧品を提供していく姿勢が感じられ、ブランドイメージを上げる表現です。

親子で一緒にフルーチェを作っているCMで使われたキャッチコピー。フルーチェを作ることも商品価値の1つとして表現できています。

挑戦をテーマにしたキャッチコピー。挑戦することの価値を気づかせるような表現を狙って制作しました。

未来をテーマにしたキャッチコピー。未来とは遠いものではなく、今から始まっていくものというメッセージを込めました。

ポジティブ変換

弱みを強みに変える表現法。

「後先を考えない」という弱みも、言い方によっては「大胆にチャレンジできる」という強みに変えることができます。このように商品においても弱みを強みに言い換えていく表現方法が「ポジティブ変換」です。弱みを率直に伝えることで信頼性を持たせつつ、それを強みに変換することでインパクトのある表現になっていきます。

キャッチコピー例

1 **一番じゃないから、挑戦できる。** （ファミリーマート「ファミマル」）

2 **このひと手間が、アイラブユー。** （サンヨー食品「サッポロ一番」）

3 **スイてます嵐山** （嵯峨嵐山おもてなしビジョン推進協議会）

4 **上品な大学、ランク外。** （近畿大学）

5 **なかなか見どころのある悩みをお持ちですね。**
（第58回宣伝会議賞グランプリ 商工組合中央金庫）

6 **ただ遅いだけだったじいちゃんの動きが、優雅になった。**
（第60回宣伝会議賞シルバー フィスカース ジャパン「ロイヤル コペンハーゲン」）

7 **僕らを知らないってことは、僕らの仕事がうまくいってるってことだ。** （第60回宣伝会議賞協賛企業賞 三浦工業）

8 **規格外を、企画にする。**
（第59回宣伝会議賞協賛企業賞 分子生理化学研究所）

9 **わがままだと思っていたことを、こだわりだと言ってくれた。**
（第54回宣伝会議賞協賛企業賞 アットホーム）

10 **日付を書き込むだけで、余り物は作り置きになる。**
（第54回宣伝会議賞コピーゴールド ニチバン「ディアキチワザアリテープ」）

11 **失敗したのは、挑戦したから。** （サンプル自作）

12 **辞めたいのは、諦めたくないことがあるから。** （サンプル自作）

公式

一番じゃない 　　（ネガティブ）

だから　　　　　　　▼

挑戦できる 　　　（ポジティブ）
（ファミリーマート「ファミマル」）

解説

「一番じゃない」というネガティブ要素を「挑戦できる」とポジティブに変換しているキャッチコピー。挑戦者としての姿勢を示していて応援したくなるような表現になっています。 `否定強調`

「ひと手間」というネガティブ要素を「アイラブユー」とポジティブに変換しているキャッチコピー。ひと手間をかけるからこそ、愛情のこもった料理ができるという商品の魅力を表現できています。

コロナ禍の影響で観光客が減少した際の、京都の嵐山の観光ポスターにおけるキャッチコピーです。「観光客が少ない」というネガティブな状況を「スイてます」とポジティブに言い換えることで、ユニークな表現になっています。

「エネルギッシュ」「チャレンジ精神」といった近畿大学の学生の魅力を強調するために、あえて「上品な大学、ランク外」という弱みを見せているキャッチコピーで、インパクトを持たせています。

「悩み」というネガティブ要素を「見どころのある」とポジティブに変換しているキャッチコピー。悩みがチャンスのように思えてくる表現になっています。

「ただ遅いだけ」というネガティブ要素を「優雅」とポジティブに変換しているキャッチコピー。ロイヤル コペンハーゲンが持つ魅力をじいちゃんの行動の見え方で表現できています。

「僕らを知らない」というネガティブ要素を「僕らの仕事がうまくいってる」とポジティブに変換しているキャッチコピー。一般の方への認知度の低さを、技術力の高さへと言い換えられています。

「規格外」というネガティブ要素を「企画にする」とポジティブに変換しているキャッチコピー。規格外で売れない野菜などをサプリなどの商品に変えていくサービスの魅力を表現できています。

「わがまま」というネガティブ要素を「こだわり」とポジティブに変換しているキャッチコピー。不動産屋さんのお客様への思いやりが感じられる表現です。

「余り物」というネガティブ要素を「作り置き」とポジティブに変換しているキャッチコピー。ラベルに日付を書いて食品を保存できる商品の魅力をうまく伝えられています。

「失敗」というネガティブ要素を「挑戦」とポジティブに変換しているキャッチコピー。「失敗」をテーマにした広告を想定した表現です。

「辞めたい」というネガティブな気持ちを「諦めたくないことがある」とポジティブに変換したキャッチコピー。転職サービスなどに使える表現を狙って制作しました。

擬人法

"モノ" 目線で考えてみる。

　人間でないものを人間のように例えて表現するレトリックを「擬人法」といいます。擬人法を使って "モノ" を主語にして考えてみるだけでもインパクトのある表現にしやすくなります。また、商品目線から私たちに訴えかけるようなメッセージにすることで、愛着の湧きやすい表現になっていきます。広告企画のヒントにもなるレトリックです。

キャッチコピー例

1　おしりだって、洗ってほしい。 　　　　　　　　（TOTO「ウォシュレット」）

2　手は楽しいのだ。 　　　　　　　　　　　　　（大塚製薬「オロナインH軟膏」）

3　唇よ、熱く希望を語れ。 　　　　　　　　　　　　　（カネボウ化粧品）

4　恋が着せ、愛が脱がせる。 　　　　　　　　　　　　　（三越伊勢丹）

5　おかえり、おんがく。 　　　　　　　　　　　　　　　　（ヤマハ）

6　バイアス、バイバイ。
　（アートネイチャー＋伊勢半＋アマゾンジャパン＋住友電気工業／連合企業広告「国際女性デー 2021」）

7　プリンはひとを、可愛くする。
　　　　　　　　　　　　　　　　（第49回宣伝会議賞グランプリ 森永乳業）

8　私たち、お金だけの関係じゃありません。
　　　　　　　　　　　（第60回宣伝会議賞協賛企業賞 セブン銀行「セブン銀行ATM」）

9　街が僕の半歩先をエスコートする。
　　　　　　　（第59回宣伝会議賞協賛企業賞 NTTアーバンソリューションズ「街づくりDTC」）

10　お金が働けば、仕事は趣味になる。
　　　　　　　　　　　　　（第59回宣伝会議賞協賛企業賞 松井証券）

11　未来は、その挑戦を待っている。 　　　　　　　　（サンプル自作）

12　「おかえり」と言ってくれる家を。 　　　　　　　　（サンプル自作）

ウォシュレットは、おしりが洗える。

▼　擬人法

おしりだって、洗ってほしい。

（TOTO「ウォシュレット」）

おしり目線から描かれているキャッチコピー。「顔や手だけではなく、おしりも洗うのが普通ですよね？」というようなニュアンスが伝わってきます。

手目線から描かれているキャッチコピー。日常生活における手の働きぶりを描いたCMの中で使われたキャッチコピーで、自分の手を大事にしたくなってくる表現です。

『唇よ、熱く君を語れ』という曲とも合わせているキャッチコピー。口紅を塗り強く前を向いて生きる女性を描いたCMの中で使われています。

「恋」や「愛」を擬人化させているキャッチコピー。好きな人のために服を着飾り、愛し合って服を脱いでいくようなストーリーがイメージできる表現です。　　　　　　　　　　　　　対句

「おんがく」を擬人化させているキャッチコピー。2020年のコロナ禍に出された広告で、再び人　　挨拶表現
の声や音が帰ってくることを願うような表現になっています。

「バイアス」を擬人化させているキャッチコピー。「バイ」と言葉を合わせているところも印象的　　挨拶表現
です。挨拶表現と擬人法は相性がよさそうです。

「プリン」を擬人化させているキャッチコピー。「プリンを食べる人はかわいく見える」という気づきを「プリン」を主語にして表現することでインパクトを持たせています。

ATMを擬人化させているキャッチコピー。「お金だけの関係じゃない」とドキッとさせる表現でありながら、ATMの様々な便利な機能を知ってほしいという想いが感じられます。

「街」を擬人化させているキャッチコピー。デジタル技術で自動化していく街を「街がエスコートする」とインパクトのある例え方をしています。「エスコート」という言葉で、住民に対する優しさまで伝わってきます。

「お金」を擬人化させているキャッチコピー。資産運用を「お金が働く」と例えることで、投資を身近に感じさせるような表現になっています。

「未来」を擬人化させたキャッチコピー。挑戦欲を掻き立てるように表現しました。「待っている」という動詞は擬人法と相性がよさそうです。

「家」を擬人化させたキャッチコピー。人の言葉をモノに喋らせることで、よりインパクトのあ　　挨拶表現
る表現になっていきます。

いちばん A なのは、 B だ。

フリを利かせてインパクトを持たせる。

　何かを発表する時、そのまま言うのではなく、ドラムロールを付けてから発表する方が盛り上がります。そのような感覚で「いちばん A なのは」というフレーズでドラムロールを鳴らした後に、「B だ」と意外な言葉を持ってくることで分かりやすくインパクトを残すことができます。ただ、「いちばん」という最上級ワードは薬機法などでひっかかりやすいので注意も必要です。

キャッチコピー例

1 いちばん言いたいのは、
追伸に書いたひとこと。 （日本郵政）

2 いちばん遠くまで行ける乗りものは、
想像力かもしれない。 （講談社）

3 勉強のいちばんの成果は、
もっと勉強したくなることです。 （日本教育大学院大学）

4 世界一のチームは、きっと家族だ。
（日経BP「日経xwoman DUAL」）

5 犬が言われていちばんうれしい言葉は、
きっと自分の名前だと思う。 （ONE MORE）

6 行楽地で一番長い行列は、
女子トイレだったりする。 （クラシエ製薬「漢方セラピー」）

7 日本人が一番好きな会議室は、居酒屋です。
（東京都 東京都職員採用2015）

8 1番いいのは、借りないこと。 （第29回宣伝会議賞グランプリ アコム）

9 一番多く使う食材は、水でした。
（第55回宣伝会議賞シルバー ディーエムソリューションズ）

10 地球で一番のお年寄りは、地球です。
（第51回宣伝会議賞シルバー 三菱ケミカルグループ）

11 いちばんのリスクは、
リスクだと気づいてないこと。 （サンプル自作）

12 いちばんおいしいのは、時間です。 （サンプル自作）

公式

追伸こそ大切なことが書かれている

▼ 「いちばんAなのは、Bだ。」

いちばん言いたいのは、追伸に書いたひとこと。
（日本郵政）

解説

「いちばん言いたいのは、」とフリを付け「追伸に書いたひとこと」と落としているキャッチコピー。追伸のワクワク感を覚えさせるような表現です。

「いちばん遠くまで行ける乗りものは、」とフリを付け「想像力」と落としているキャッチコピー。想像力を「乗りもの」と例えているところも秀逸です。 `たとえ`

「勉強のいちばんの成果は、」とフリを付け「もっと勉強したくなること」と落としているキャッチコピー。知的好奇心を湧かせる勉強の価値に気づかされるような表現です。

「世界一のチームは、」とフリを付け「家族」と落としているキャッチコピー。家族をチームと例えることで、家族の存在を心強く感じさせる表現になっています。

「犬が言われていちばんうれしい言葉は、」とフリを付け「自分の名前」と落としているキャッチコピー。保護犬のポスターのキャッチコピーで、名もない犬に愛する名前を付けられることに価値を感じさせる表現です。

「行楽地で一番長い行列は、」とフリを付け「女子トイレ」と落としているキャッチコピー。女性に共感を呼ばせるような表現でインパクトを持たせています。

「日本人が一番好きな会議室は、」とフリを付け「居酒屋」と落としているキャッチコピー。居酒屋を会議室と例えることで、居酒屋での会話の楽しさを伝えられています。 `たとえ`

「1番いいのは、」とフリを付け「借りないこと」と落としているキャッチコピー。アコムが「借りないこと」を推奨することにインパクトが感じられる表現です。

「一番多く使う食材は、」とフリを付け「水」と落としているキャッチコピー。ウォーターサーバーのキャッチコピーで、料理における水の価値を気づかせるような表現です。

「地球で一番のお年寄りは、」とフリを付け「地球」と落としているキャッチコピー。「地球」をお年寄りに例えることでインパクトを持たせています。 `たとえ`

「いちばんのリスクは、」とフリを付け「リスクだと気づいてないこと」と落としているキャッチコピー。保険サービスなどを想定した表現です。 `リフレイン`

「いちばんおいしいのは、」とフリを付け「時間」と落としているキャッチコピー。飲食店などのサービスを想定し、お店での体験価値を伝えています。

反対語

対になる言葉を一文に入れる。

　「大きい」「小さい」、「開ける」「閉める」など対になる反対語を一文に入れることでキャッチコピーにインパクトを持たせることができます。形容詞や動詞の対になる言葉だけではなく、「ロケット」「文房具」、「柔軟」「堅物」など対照的な名詞を入れても効果的です。「おはようからおやすみまで（ライオン）」など、幅広いサービスを表現したい時にも便利なレトリックです。

キャッチコピー例

1 一瞬も 一生も 美しく　　　　　　　　　　　　　　　　　（資生堂）

2 小さなクルマ、大きな未来。　　　　　　　　　　　　　（スズキ）

3 小さな力は、大きな力だ。　　　　　　　　　　　　　（日本生命保険）

4 ロケットも、文房具から生まれた。　　　　　　　　（トンボ鉛筆）

5 閉じてく自分を、広げ続ける。
　　　　　　　　　　　　　　　（日本経済新聞社「日経電子版【U23割】」）

6 このろくでもない、すばらしき世界。　　　（サントリー「BOSS」）

7 「がんばれ」も「がんばるな」もつくってる。
　　　　　　　　　　　　　　（第60回宣伝会議賞協賛企業賞 日本シグマックス）

8 こんなに柔軟な、堅物はあるか。
　　　　　　　　　　　　　　　　（第60回宣伝会議賞協賛企業賞 日本製鉄）

9 見慣れた街の、知らない世界へ。
　　　　　　　（第56回宣伝会議賞協賛企業賞 OpenStreet「HELLO CYCLING」）

10 ドアを閉めたら心が開いた。
　　　　　　　　（第55回宣伝会議賞協賛企業賞 ソーエキサイト「Hailey'5 Café」）

11 挑戦の終わりは、次の挑戦の始まり。　　　　（サンプル自作）

12 泣いた日も、笑った日も、いつもそばに。（サンプル自作）

公式

ときめき続ける人生を支える。

▼　反対語

一瞬も 一生も 美しく
（資生堂）

解説

「一瞬」と「一生」という反対語でインパクトを持たせているキャッチコピー。一瞬のときめきも、一生ものの美しさも支えていくような印象を覚えます。

「小さな」と「大きな」という反対語でインパクトを持たせているキャッチコピー。軽自動車を売りにしているスズキの強みとビジョンを表現できています。

「小さな」と「大きな」という反対語でインパクトを持たせているキャッチコピー。平昌五輪の広告で、一人ひとりの小さなエールが、選手たちを支える大きな力になっていくとメッセージが込められています。

「ロケット」と「文房具」と大きい単語と小さい単語を併せることでインパクトを持たせているキャッチコピー。ロケットのような大きなものづくりも身近な文房具から始まっていくという、ドラマチックな表現になっています。

「閉じてく」と「広げ続ける」という反対語でインパクトを持たせているキャッチコピー。自分の価値観を新聞とともに広げ続けるような力強さが感じられる表現です。

「ろくでもない」と「すばらしき」という反対語でインパクトを持たせているキャッチコピー。理不尽なことがある世の中でも「すばらしき」と思えたら、というようなメッセージが感じられます。

「がんばれ」と「がんばるな」という反対語でインパクトを持たせているキャッチコピー。サポーターやギプスなどを提供する日本シグマックスの価値を「がんばれ」「がんばるな」という言葉でうまくまとめられています。

「柔軟」と「堅物」という反対語でインパクトを持たせているキャッチコピー。幅広い性質を持たせられる鉄の価値を伝えられています。

「見慣れた」と「知らない」という反対語でインパクトを持たせているキャッチコピー。身近な街こそ自転車で巡ると思わぬスポットを発見できるというメッセージが感じられます。

「閉めた」と「開いた」という反対語でインパクトを持たせているキャッチコピー。漫画喫茶の個室の中で広がる自由な世界をうまく描いています。

「終わり」と「始まり」という反対語でインパクトを持たせているキャッチコピー。「何かの終わりは何かの始まり」という切り口は様々なサービスで応用できそうです。

リフレイン

「泣いた」と「笑った」という反対語でインパクトを持たせているキャッチコピー。どんな日もお客様を支えていく商品を想定した表現です。

対句

文や句を対比させながら表現する。

　語法や意味の相対する2つ以上の句を対照的に並べて表現するレトリック「対句」を使ったキャッチコピーもよくあります。一文が長くなってしまった時は、2文に分けたり改行したりして、対句のように表現すると長いフレーズでもインパクトを残せます。同じような文や句の構造、文字数に揃えると、キレイに収まります。

キャッチコピー例

1. 主婦になると値段が気になる。
   母親になると産地が気になる。　（風来楼「フクロウの朝市」）

2. 昔は安い酒で夢のことばかり話してた。　最近は
   高い酒で金のことばかり話してる。　（カラオケスナックさくら）

3. 暗記した言葉は、いつか忘れる。　応援された
   言葉は、一生忘れない。　（名鉄グループ「名鉄さくらプロジェクト」）

4. 地震をなくせないなら、
   不安をなくすんだ。　（住友ゴム工業）

5. 時代は選べない。
   自分は選べる。　（宣伝会議「編集・ライター養成講座」）

6. たくさん頑張った一年だから
   たくさん笑っていい一年に。　（コナミグループ「桃太郎電鉄」）

7. うれしい日を、おいしく。
   かなしい日も、おいしく。　（第59回宣伝会議賞協賛企業賞 キッコーマン）

8. 彼女がカメラ女子なので、僕は
   プリント男子になった。　（第52回宣伝会議賞協賛企業賞 キヤノン「PIXUS」）

9. 知らない誰かに支えられ、知らない誰かを
   助けてる　（第60回宣伝会議賞協賛企業賞 日本コープ共済生活協同組合連合会）

10. 子どもを大人に、大人を子どもに。
    （第60回宣伝会議賞協賛企業賞 山芳製菓「わさビーフ」）

11. 手をつなげられなくても、
    声ならつなげられる。　（サンプル自作）

12. あふれる記憶。ひろがる未来。　（サンプル自作）

公式

主婦になると値段が気になる。

↕　　　対句　　　↕

母親になると産地が気になる。

(風来楼「フクロウの朝市」)

解説

「主婦」と「母親」、「値段」と「産地」を対にさせて表現しているキャッチコピー。主婦の時と母親の時の買い物の基準の変化を分かりやすく表現できています。

「昔」と「最近」、「安い酒」「高い酒」、「夢」と「金」を対にさせて表現しているキャッチコピー。昔と今でのお酒を交えた話題の変化を分かりやすく表現できています。

「暗記した言葉」と「応援された言葉」、「いつか」と「一生」、「忘れる」と「忘れない」を対にさせて表現しているキャッチコピー。受験生応援プロジェクトの広告で使われたフレーズです。

「地震」と「不安」、「なくせない」「なくす」を対にさせて表現しているキャッチコピー。自然災害に対する企業の取り組みや情熱を感じさせるように表現できています。　否定強調

「時代」と「自分」、「選べない」「選べる」を対にさせて表現しているキャッチコピー。どんな時代であっても自分自身なら変えていけるという挑戦欲を上げるような表現です。　否定強調

「頑張った」と「笑っていい」を対にさせて表現しているキャッチコピー。コロナ禍で苦労があった分、たくさん遊んでハッピーな一年にしていこうというメッセージが感じられます。

「うれしい日」と「かなしい日」を対にさせて表現しているキャッチコピー。どんな日でもおいしい食事で寄り添ってくれるようなキッコーマンの優しさが感じられます。

「彼女」と「僕」、「カメラ女子」「プリント男子」を対にさせて表現しているキャッチコピー。「カメラ女子」に対して「プリント男子」という新しい言葉をつくることでインパクトを持たせています。

「誰かに支えられ」と「誰かを助けてる」を対にさせて表現しているキャッチコピー。コープ共済ならではの表現で、助け合いの価値を表現できています。

「子ども」と「大人」を対にさせて表現しているキャッチコピー。「わさビーフ」という少し刺激のあるお菓子を、子どもにとっては大人の味、大人にとっては子どもに戻れる味とうまく伝えられています。

「手」と「声」、「つなげられない」と「つなげられる」を対にさせて表現したキャッチコピー。電話などのネットワークサービスを想定した表現です。　否定強調

「あふれる」と「ひろがる」、「記憶」と「未来」を対にさせて表現したキャッチコピー。「動詞＋名詞」と構造も合わせて表現することでインパクトを持たせています。

韻

ラッパーになって表現する。

　同じ言葉や同じ音・母音を持つ言葉を、語尾などで繰り返し使うレトリックを「韻を踏む」と言います。表現が固くなってしまったり、少しインパクトを出したい時は、語尾の言葉を合わせるだけでもキャッチーになっていきます。「ラッパーだったらこの商品をどう伝えるか」を想像すると、考えやすくなるかもしれません。

キャッチコピー例

1 うまい、やすい、はやい。　　(吉野家)

2 わたしらしくをあたらしく　　(LUMINE)

3 ち、のち、いのち。　　(日本赤十字社 東海北陸ブロック血液センター)

4 まだ、ここにない、出会い。　　(リクルート)

5 バキバキ強刺激。　　(サントリー「THE STRONG 天然水スパークリング」)

6 あしたのもと　　(味の素)

7 マイペースに、マイペアーズ。　　(エウレカ「Pairs」)

8 ナブテスコって、ナンデスコ?　　(ナブテスコ)

9 乗る日だ、乗るピタ。　　(第60回宣伝会議賞協賛企業賞 損害保険ジャパン「乗るピタ!」)

10 そこここくろこ。　　(第59回宣伝会議賞協賛企業賞 日本ガイシ)

11 おトク、もっトク?　　(サンプル自作)

12 リーズナブルで、ワンダフル。　　(サンプル自作)

公式

あなたの血は、やがて、誰かを救う命になる。

▼ （韻）

ち、のち、いのち。

（日本赤十字社東海北陸ブロック血液センター）

解説

「うまい」「やすい」「はやい」と「い」で韻を踏んでいるキャッチコピー。味、価格、スピードの3つの特徴から吉野家の強みを分かりやすく示しています。

「わたしらしく」「あたらしく」と「らしく」で韻を踏んでいるキャッチコピー。ルミネで買い物をして自分をブラッシュアップしていくイメージを感じられます。

「ち」「のち」「いのち」と「ち」で韻を踏んでいるキャッチコピー。自分の血がやがて誰かの生きる力に変わっていくという献血の価値を軽やかに表現できています。

「ここにない」「出会い」と「あい（ai）」で韻を踏んでいるキャッチコピー。人と人をつなげる新しいサービスを展開しているリクルートの使命が伝わってきます。

「バキバキ」「強刺激」と「き」で韻を踏んでいるキャッチコピー。擬音語を使いながら韻を踏むことで、よりキャッチーな表現にできています。　**オノマトペ**

「あしたのもと」「味の素」と「もと」で韻を踏んでいるキャッチコピー。語頭においても「あし」「あじ」で音を合わせています。

「ペース」「ペアーズ」で韻を踏んでいるキャッチコピー。語頭も「マイ」で合わせることで、よりサービス名を覚えやすくしています。

「テスコ」「デスコ」で韻を踏んでいるキャッチコピー。問いかけで終わらせることでどんな企業なのか気にさせるような表現になっています。　**問いかけ**

「日だ」「ピタ」で韻を踏んでいるキャッチコピー。友人や家族の車を運転する日は「乗るピタ」という保険に入っておこうと思わせる表現です。

「そこ」「ここ」「くろこ」と「こ」で韻を踏んでいるキャッチコピー。日本ガイシのキャラクター「クロコくん」とも合わせながら、身近なところで日本ガイシの技術が使われていることが伝わってきます。

「おトク」「モットク」と「トク」で韻を踏んでいるキャッチコピー。ポイントが付くカードやアプリなどで使える表現を狙って制作しました。　**問いかけ**

「リーズナブル」「ワンダフル」と「（ブ）フル」で韻を踏んでいるキャッチコピー。値段が安くて質がいい商品で使える表現を狙って制作しました。

飛躍目的語

目的語を大きくすることでインパクトを持たせる。

「ペットを飼う」ではなく「命を飼う」と言い換えるなど、目的語を大きく飛躍させるレトリックが飛躍目的語です。「今日は車に乗った」ではなく「今日は相棒に乗った」と目的語"だけ"を飛躍させることで、インパクトを持たせることができます。目的語をもっと大きな概念や具体的な言葉で言い換えることができないか考えてみましょう。

1 **命を飼う覚悟、ありますか。** (ACジャパン)

2 **百貨店が売っていたのは、希望でした。** (そごう・西武)

3 **あったらいいなをカタチにする** (小林製薬)

4 **絶対、無理。を学問する。** (千葉工業大学)

5 **いってきます！をすべての人へ。** (ACジャパン「盲導犬CMキャンペーン」)

6 **「父が照れる」を、私がもらう。** (東武百貨店)

7 **難問を愛そう。** (本田技研工業「Hondaハート」)

8 **セゾンは若気の至りを還元する。** (第57回宣伝会議賞協賛企業賞 クレディセゾン「セゾンカード」)

9 **運命の出会いを、何度でも。** (第60回宣伝会議賞協賛企業賞 ポケモン「ポケモンカード」)

10 **届かないを、なくしたい。** (第54回宣伝会議賞協賛企業賞 ピカ コーポレイション)

11 **自分遺産を、建てる。** (サンプル自作)

12 **癒やしを、飲もう。** (サンプル自作)

公式

ペットを飼う覚悟、ありますか。

（飛躍目的語）

▼

命を飼う覚悟、ありますか。

（ACジャパン）

解説

「ペットを飼う」ではなく「命を飼う」と目的語を大きくさせているキャッチコピー。「命」と伝えることで、ペットを飼うことに責任の重さを感じさせる表現になっています。

「商品を売る」ではなく「希望を売る」と目的語を大きくさせているキャッチコピー。コロナ禍に出された広告で、行動制限された時代の中でもお客様の希望となる商品を提供するお店の使命が伝わってきます。

「アイデアをカタチにする」ではなく「あったらいいなをカタチにする」と目的語を具体化させているキャッチコピー。お客様のセリフをキャッチコピーに取り入れることで、インパクトを持たせています。

「不可能を学問する」ではなく「絶対、無理。を学問する」と目的語を具体化させているキャッチコピー。難しい学問への挑戦欲を掻き立てるような表現になっています。

「外出をすべての人へ」ではなく「いってきます！をすべての人へ」と目的語を具体化させているキャッチコピー。目に障害がある方でも外出が楽しみになるような生活を盲導犬で提供していくというメッセージが感じられます。

「感謝の気持ちをもらう」ではなく「父が照れるをもらう」と目的語を具体化させているキャッチコピー。文をそのまま目的語として使うことでインパクトを持たせつつ、父の気持ちを想像させる表現にできています。

「地球を愛そう」ではなく「難問を愛そう」と目的語を具体化させているキャッチコピー。簡単にいかない環境問題こそ、大切に取り組んでいこうという企業姿勢が伝わってきます。

「ポイントを還元する」ではなく「若気の至りを還元する」と目的語を飛躍させているキャッチコピー。若い頃に勢いで買ったものもポイントになって還ってくるうれしさが感じられます。

「新しいカードを、何度でも」ではなく「運命の出会いを、何度でも」と目的語を飛躍させているキャッチコピー。ポケモンカードを開ける瞬間の楽しみを強調させています。

「悩みをなくす」ではなく「届かないをなくす」と目的語を具体化させているキャッチコピー。脚立やはしごを提供する企業ならではの表現になっています。

「家を、建てる」ではなく「自分遺産を、建てる」と目的語を飛躍させたキャッチコピー。不動産のブランディング広告などで使える表現を狙って制作しました。

「コーヒーを飲む」ではなく「癒やしを飲む」と目的語を飛躍させたキャッチコピー。商品の具体的な価値をそのまま目的語にすることでインパクトを持たせています。

問いかけ

おわりに

　私にとって初めての書籍だったのですが、まさかそれが「事典」になるとは思いもしませんでした。「無職の自分がコピーライターになるまで」や「キャッチコピーのテクニック集」などいろいろな書籍の案があったのですが、「キャッチコピーを作りたい人が何よりも知りたいのは、今すぐ参考にできる"お手本コピー"ではないか」という結論に至りました。「事典」というからには、できる限り色んなジャンルでたくさんのキャッチコピーを載せたいと思い、ここ半年間ぐらいずっとキャッチコピーを調べまくっていました。だれもが知る名作コピーだけではなく、ホームページにちょこっと載せてあるキャッチコピーまで「これはきっと参考になるはず！」と思ったものはすべて載せています。そして、たくさんのキャッチコピーを見ていて気づいたことがあります。それは

　やっぱり、いい広告にはいい言葉がある、ということ。

　今はChatGPTなどAIツールもあり、だれでもそれなりのキャッチコピーが簡単に書けるような時代になっていますが、やっぱりどこかその企業の想いが出ている「人間味のある言葉」が他と差別化するうえでもより大切になってくるのではないかと思っています。企業や商品の数だけ、想いがある。想いの数だけ、キャッチコピーがある。そういった目線で見てみると、この事典をもっと楽しんでいただけるかもしれません。

キャッチコピーの参考例を知るのは、キャッチコピー制作の入り口にすぎないと思っていますし、この本だけでキャッチコピー作りが得意になるとは思いません。ただ、キャッチコピーを作ったことのない人や、そもそもライティング自体が苦手な方にとっては、参考例というのは大切な道しるべになると思っています。もしキャッチコピーの制作で行き詰った際は、コピーライターの私が精一杯サポートできればと思っていますので、ぜひ「ことばやさん」と検索してみてください。

　最後に、まずは書籍企画のお話をいただいた翔泳社の本田様には大変感謝しております。初めての書籍執筆で、右も左も分からない私を丁寧にサポートしていただき本当にありがとうございました。そして、この書籍の出版を決めていただいた翔泳社様、いつも仕事を支えてくれる仲間、私をいつも支えてくれる友人や家族、そしてこの本を手に取ってくれたあなたに、心から感謝したいと思います。

　世の中に、いい1行が、もっとたくさん生まれますように。

長井 謙（ことばやさん）

参考文献

ページ	参考文献URL（参照 2023年7月）、書籍名
18	https://www.daiwahouse.co.jp/ad/newspaper/pdf/daiwahouse20220729.pdf
	https://www.asahi-kasei.co.jp/hebel/information/images/pdf/220101.pdf
	https://sfc.jp/information/company/message/
	https://www.rebita.co.jp/vision/
	https://www.atpress.ne.jp/news/49151
	https://www.nomura-re.co.jp/
	http://www.ss-trust.co.jp/
	https://relo-fudosan.jp/
	https://www.baus-web.jp/aboutBaus/brand/index.html
	https://senden.co/history/56
20	https://renoveru.co.jp/service/renovation/
	https://www.zerorenovation.com/
	https://n-u.jp/
	https://prtimes.jp/main/html/rd/p/000000030.000012902.html
	https://www.rebita.co.jp/atorino/
	https://www.intellex.co.jp/company/ir/management/policy/
	https://j-renovation.com/
	https://www.renoxia.com/
	https://www.reform-online.jp/news/reform-shop/4873.php
	https://www.kusunoki-reform.jp/
22	https://www.miraio.com
	https://www.aster-law.net/
	https://www.emisuzuki.net/logo
	http://www.takarabehiroki.com/works/しばた未来法律事務所-branding/
	https://www.shinku-law.jp/お知らせ/事務所のキャッチコピーを作成致しました。/
	https://cllo.jp/
	https://amanokoike.jp/
	https://www.kitahama.or.jp
	https://inoue-law.com
	https://www.kojimalaw.jp
24	https://www.agsc.co.jp/
	https://alps-tax.com/
	https://www.asahitax.jp/
	https://www.meinan.net/
	http://tax-inoue.com/
	https://www.tokyozeirishikai.or.jp/
	https://www.subaru-tax.net/
	https://www.subaru-tax.net/
	https://osd-souzoku.jp/
26	https://www.jinjiroum.com/
	https://www.tokyosr.jp/
	https://www.paddledesign.co.jp/works-pamphlet/_275/
	https://www.s-b-m.jp/
	https://shujii.co.jp/info/philosophy.html
	https://classico-os.com/
	https://wellnesswork.jp/
	https://sakurai-sr.com/
	https://komachi-roumu.com/
	https://komachi-roumu.com/about
28	https://whoswho.jagda.or.jp/jp/portfolio/9505.html
	https://ocs-tmdc.jp/
	https://hayashishikain.com/
	https://www.d-suzuki.com/
	https://peachery.com/
	https://ydcf.jp/
	http://okamoto-dental.clinic/
	https://ochanomizu-dc.com/
	https://www.tcc.gr.jp/copira/id/2019740/
	https://senden.co/history/56
30	https://www.tkc110.jp/about/
	https://www.biyougeka.com/
	https://www.watanabejunpei.jp/works/12096
	https://www.otsuka-biyo.co.jp/campaign/campaign_sapporo_hyal/
	https://www.nishitanclinic.jp/
	https://scc-biyou.com/
	http://okamura-clinic-jasmine.jp/
	https://biyougeka-m.com/
	https://www.takasu.co.jp/
	https://www.sbc-mens.net/
32	https://wasedamental.com/
	https://www.hwho.jp/
	https://www.yui-mental-cl.com/
	https://st-lucia.or.jp/
	https://st-lucia.or.jp/
	https://kawashige-clinic.jp/
	http://www.ueno-cl.com/
	https://www.ishida-mentalclinic.com/
	https://kenkou-fukushima.jp/kenkoinfo/30540
	https://canal-kokoro.jp/
34	https://sakura-ah.asia/
	https://www.chikawa.com/
	https://www.hokusou-animal-hospital.net/
	https://www.pyan-animal.jp/
	https://www.myns.jp/
	https://kinswith-vet.com/
	https://www.galileo.vet/
	https://oishi-animalclinic.com/
	https://www.aoneko-ah.com/
	https://www.sasazuka-animal.com/
36	https://www.doutor.co.jp/news/newsrelease/detail/20160615152414.html

https://www.frontage.jp/work/201005.html
https://www.starbucks.co.jp/company/
https://www.komeda.co.jp/
https://www.ginza-renoir.co.jp/
https://c-united.co.jp/crie/coffee/
https://twitter.com/10docafe
https://www.happo-en.com/restaurant/thrushcafe/
http://unpasscafe.com/
https://uffington.jp/

38
https://www.akindo-sushiro.co.jp/company/philosophy.html
https://www.hama-sushi.co.jp/cm/
https://boke-pon.hatenablog.com/entry/kappa-sushi-20200123
https://senrei-hirasho.co.jp/
https://www.choushimaru.co.jp/
https://toriton-kita1.jp/
https://www.maimon-susi.com/
https://senrei-hirasho.co.jp/eating
https://www.kyotaru.co.jp/misaki/index.html
https://www.sushitsune.co.jp/
https://www.uwosei.com/

40
https://foodplace.jp/fanpan/
https://twitter.com/natsukilog/status/1187928215022497792
https://l-planning.jp/staffblog/4872/
https://boulangerie-bonheur.jp/
http://opan-bakery.com/
https://www.sunnybakkery.com/
https://ishigama-birthday.jp/

42
https://mag.sendenkaigi.com/brain/201708/directors-works/011231.php
https://www.ffa.ajinomoto.com/_var/pdf/20170706_3.pdf
https://frozenfoodpress.com/2021/05/19/new-frozen-food-copy-reishokukyo-2021/
https://twitter.com/nikkei_ad_flash/status/1239748319221387264/photo/1
https://www.nichireifoods.co.jp/
https://www.foods-ch.com/shokuhin/1488880361632/?p=2
https://www.picard-frozen.jp/Page/bonjour-picard/
https://www.maruha-nichiro.co.jp/corporate/news_center/channel/tvcm001.html
https://frozenfoodpress.com/2021/03/17/tvcm-wildish-yokohama-ryusei-maruhanichiro/
https://shop.nextmeats.jp/

44
https://www.lotte.co.jp/
https://www.fujiya-peko.co.jp/milky/
https://www.foods-ch.com/news/press_1605386/
https://www.calbee.co.jp/kappaebisen/products/
https://kanro.jp/pages/pure
https://twitter.com/Bourbon_JP/status/1316181932187758593
https://koikeya-pridepotato.jp/
https://www.meiji.co.jp/products/brand/meltykiss/
https://kotobayasan.com/catchcopy-kakigouri/
https://www.lotte.co.jp/products/brand/soh/

46
https://www.wakasapri.com/
https://www.asahi-gf.co.jp/company/newsrelease/2021/0318/
https://prtimes.jp/main/html/rd/p/000000026.000045062.html
https://www.otsuka.co.jp/adv/fib/graphic202105_01.html
https://withnews.jp/article/f0191122003qq000000000000000W00o10101qq000020110A
https://www.241241.jp/d/lp/am04/
https://www.fusari.jp/
https://dolesunshine.com/jp/ja/news/dole-smoothie-reborn-with-improved-texture/
https://rdlp.jp/archives/otherdesign/lp/25102
https://www.oricon.co.jp/news/2237118/photo/2/

48
https://prtimes.jp/main/html/rd/p/000000979.000003639.html
https://prtimes.jp/main/html/rd/p/000000022.000003505.html
https://prtimes.jp/main/html/rd/p/000000435.000008372.html
https://www.advertimes.com/20230524/article419909/
https://www.tcc.gr.jp/copira/id/32620/
https://prtimes.jp/main/html/rd/p/000001008.000031382.html
https://rdlp.jp/archives/otherdesign/lp/21162
https://www.frontage.jp/work/20210722172336.html
https://prtimes.jp/main/html/rd/p/000000223.000015355.html
https://www.rakuten.ne.jp/gold/prettyw/topics/oseibo/cover/2020/shaddy_l_2.jpg

50
https://www.ayataka.jp/
https://twitter.com/yakannomugicha/status/1513169943923085312
https://prtimes.jp/main/html/rd/p/000000567.000001735.html
https://www.suntory.co.jp/softdrink/iyemon/
https://www.itoen.jp/oiocha/kodawari/
https://twitter.com/kirin_company/status/1174850663246648448?lang=da
https://twitter.com/suntory_gdakara/status/1516582420656508930?lang=ja
https://www.asahiinryo.co.jp/16cha/sp/
https://item.rakuten.co.jp/sonique/n-maruttoryokucha-70-1/#lptop
https://rdlp.jp/archives/otherdesign/lp/22891

52
https://www.suntory.co.jp/water/tennensui/cm/
https://item.rakuten.co.jp/kanikoubou/53187-0000/
https://mainichi.jp/articles/20210601/pls/00m/020/266000c
https://prtimes.jp/main/html/rd/p/000000001.000076444.html
https://prtimes.jp/main/html/rd/p/000000121.000045997.html
https://kanden-rd.co.jp/others/water/index.php
https://www.asahiinryo.co.jp/oishiimizu/sp/mizu/index.html
https://www.dydo.co.jp/miu/
https://www.itoen.jp/nihon_no_mizu/

54
https://www.asahibeer.co.jp/superdry/
https://xtrend.nikkei.com/atcl/contents/casestudy/00012/00782/
https://twitter.com/ichiban_KIRIN/status/1595975568654073857
https://www.youtube.com/watch?v=otnk2EXrlwY
https://www.suntory.co.jp/beer/thepremiummalts/ad/
https://www.sapporobeer.jp/beer/
https://www.sapporobeer.jp/
https://gingakogenbeer.com/
https://www.orionbeer.co.jp/brand/draft/

https://kotobayasan.com/orionbeer-catchcopy/
https://gingakogenbeer.com/
56 https://www.chateaumercian.com/
https://www.kikkoman.com/jp/corporate/brand/story/manns/index.html
https://www.suntory.co.jp/news/article/14171.html
https://www.hakutsuru.co.jp/misionesdrengo/#pagetop
https://www.ywc.co.jp/
https://luciole.wine/
https://liber.vin/product/oscillazioni/
https://www.enoteca.co.jp/article/archives/20221226150438833/
https://www.sapporobeer.jp/wine/yellowtail/
https://rdlp.jp/archives/otherdesign/lp/51658
58 https://wb-hoikuen.jp/
https://hiyorihoikuen.com/
https://greenhouse.fun/
https://oheso-group.com/
https://hikariizumi.jp/
https://munihoikuen.net/
https://kininaru-kodomoen.com/
https://kisogawa-kindergarten.com/
https://www.onons.jp/
https://kids.obirin.ed.jp/
60 https://prtimes.jp/main/html/rd/p/000000002.000014235.html
https://prtimes.jp/main/html/rd/p/000000021.000030937.html
https://www.yozemi.ac.jp/
https://www2.sundai.ac.jp/
「いつやるか？今でしょ！」（林 修 著　宝島社）
https://www.yotsuyagakuin.com/campaign_transit-ad/
https://twitter.com/tokyo_kobetsu/status/1220634968600104960
https://prtimes.jp/main/html/rd/p/000000116.000049291.html
https://www.meikogijuku.jp/junior/test/
62 https://prtimes.jp/main/html/rd/p/000000388.000011137.html
https://www.mode.ac.jp/
https://prtimes.jp/main/html/rd/p/000000125.000011137.html
http://cm-watch.net/edosen-non/
https://www.iken.ac.jp/sports/
https://ganaka.ac.jp/
http://www.cdc-de.ac.jp/basic-design/
https://www.design.ac.jp/special/
https://www.tech.ac.jp/features/strengths/
64 https://natalie.mu/music/news/386952
https://www.watanabejunpei.jp/works/12112
https://www.facebook.com/hashtag//中央大学国際経営学部/?source=feed_text&epa=HASHTAG
https://www.kobe-c.ac.jp/about/outline/bd-creative
https://www.ryusdesign.jp/works/mukogawa
https://www.kindai.ac.jp/archives/pdf/2016/kindai_shogatsu.pdf
https://kindaipicks.com/article/000284
https://kindaipicks.com/article/000539
https://www.musashino-u.ac.jp/academics/faculty/entrepreneurship/
https://www.apu.ac.jp/st/
66 https://www.be4.co.jp/
https://slim.co.jp/
https://selene-lcfsalon.com/
https://www.sanko-kk.co.jp/zazensou/
https://zaza-esthe.com/
https://amrta-roppongi.com/
https://aonoie.jp/
https://aphros-queen.co.jp/company/
https://www.dr-recella.com/salon/
https://www.veritable-beaute.com/
68 https://prtimes.jp/main/html/rd/p/000000101.000005794.html
https://www.kose.co.jp/company/ja/sustainability/message/
https://kyodonewsprwire.jp/release/201606051326
https://rashisa.albion.co.jp/rashisa/
https://www.jstage.jst.go.jp/article/marketing/28/3/28_2009.009/_article/-char/ja
https://www.pola.co.jp/about/news/20201002-01/index.html
https://sopocosmetics.com/#about
https://prtimes.jp/main/html/rd/p/000000087.000020186.html
https://www.facebook.com/HyaluMillefeuille/posts/4467392373299764/
https://prtimes.jp/main/html/rd/p/000000687.000006496.html
70 https://www.shimamura.co.jp/lesson/
https://www.yamaha-ongaku.com/music-school/introduction/
https://www.yamaha-ongaku.com/music-school/lp/taiken/
https://www.eys-musicschool.com/
https://www.miyajimusic.com/school/mjshibuya/
https://www.noahmusic.jp/
https://sugar-roll25-music.com/
https://seiko-electone.com/
72 http://bone-iwamurada-acp.jp/
https://kigawaharikyuu.com/access
http://kyu-plus.jp/
https://fujimoto-seikotsuin.com/
https://uruoiharikyu.com/
https://sedonayo.com/
http://magokorokyoto.top/
https://sendaishinkyu.jp/
https://yubihari.com/shinkyu/#shinkyu-concept
https://fukuoka-seikotsuin.com/
74 http://springlife.jp/hinata
https://www.tnbls.co.jp/hyldemoer/
https://www.tcc.gr.jp/copira/id/20622/
https://tentomushi-wakayama.jp/
http://www.yasuragifukushikai.jp/
https://www.denmark-inn.or.jp/
https://www.dormy-senior.com/series/tokiwadai/

	https://dandannosato.com/
76	https://www.hotespa.net/dormyinn/
	https://www.toyoko-inn.co.jp/brand/
	https://www.vessel-hotel.jp/
	https://www.hotel-taiyo.co.jp/
	https://www.narahotel.co.jp/
	https://ybht.co.jp/
	https://www.shangri-la.com/jp/tokyo/shangrila/
	https://theokuratokyo.jp/
	https://www.hennnahotel.com/
78	http://0120-57-4480.jp/
	https://www.asahi-aaa.com/backnumber/2016/
	https://www.tenreikaikan.com/
	https://bellmony-west.jp/corporate/
	http://shinwasha-kyoto.com/
	https://www.torisou.com/
	https://www.enasougi.co.jp/
	https://tomuravi-sougi.com/
	https://sohshiki.jp/
	https://www.kurashinotomo.jp/sougi/
80	https://prtimes.jp/main/html/rd/p/000000023.000025184.html
	https://prtimes.jp/main/html/rd/p/000000242.000025184.html
	https://www.tcc.gr.jp/copira/id/11690/
	https://www.tcc.gr.jp/copira/id/86953/
	https://ookunitamajinja-wedding.jp/wedding/
	https://tomorrowwedding.jp/
	https://smakon.jp/
	https://premierhotel-group.com/hotelcastle/bridal/
	https://popcorn-kobe.com/
	https://www.crazy.co.jp/
82	http://www.flower-valentine.com/
	https://flower-tuya.com/
	https://www.pressart.co.jp/promotion/1729
	https://twitter.com/hibiyakadan/status/179734279775981568
	https://www.tcc.gr.jp/copira/id/25174/
	http://www.ebisu-flower.com
	https://sekainohanaya.com/
	http://hanamari.com/
	https://nubow.co.jp/
	https://flower-tette.com/
84	https://lovy.jp/
	https://tayanet.jp/
	http://www.grand.gr.jp/
	https://www.qbhouse.co.jp/
	https://sinciate.co.jp/works/4183/
	https://loness.jp/
	http://www.pique.jp/
	https://www.tcc.gr.jp/copira/id/85604/
	https://www.tcc.gr.jp/copira/id/2019033/
	https://www.recruit.co.jp/newsroom/recruit-lifestyle/news/beauty/nw27226_20181214
86	https://www.rizap.jp/
	https://chocozap.jp/
	https://www.anytimefitness.co.jp/lp202202/
	https://www.copin.co.jp/index.html
	https://www.s-re.jp/
	https://www.jexer.jp/
	https://www.sportsoasis.co.jp/fitness/
	https://www.facebook.com/photo.php?fbid=638358401624771&set=pb.100063518499649.-2207520000.&type=3
	https://www.central.co.jp/
	https://twitter.com/hihiuma_copy/status/1614792216039522304/photo/1
88	http://www.lumine.co.jp/
	https://www.tcc.gr.jp/copira/id/88743/
	https://www.pinterest.jp/pin/333477547392419684/
	https://www.sanyo-shokai.co.jp/company/recruit/pdf/recruitbook2022.pdf
	https://www.tcc.gr.jp/copira/id/11661/
	https://stripe-intl.com/brands/earth/
	https://twitter.com/uniqlo_jp/status/1359683578808815616
	https://www.apparel-mag.com/index.php/abm/news/2723
	https://prtimes.jp/main/html/rd/p/000000168.000006099.html
	https://twitter.com/tokyo_soir/status/1351804561325842434
90	https://saijo-j.com/
	https://100nom.jp/about-2/ヒャクノエムとは/
	https://prtimes.jp/main/html/rd/p/000000049.000004741.html
	https://mitsui-shopping-park.com/lazona-kawasaki/shopguide/2400310.html
	https://www.tsutsumi.co.jp/bridal/
	https://www.amyulet.com/
	https://prtimes.jp/main/html/rd/p/000000043.000008670.html
	https://mikoto-jewelry.com/
	https://www.ateliermarriage.com/
	https://cayof.com/
92	https://www.carrot-online.jp/f/kindforme
	https://item.rakuten.co.jp/auc-goldmen/b-ga801/
	https://www.makuake.com/project/kabag3/
	https://www.rakuten.ne.jp/gold/kinoco/
	https://www.erutuoc.com/c/item/356-110701-2002
	https://hamanobag.com/about0/
	https://tsuchiya-kaban.jp/pages/lp20230110
	https://transic.co.jp/
	https://www.fujita-randoselu.jp/
94	https://visio-eyewear.jp/
	https://www.glafas.com/news/shop_news/131203alook_sampling.html
	https://www.nice-guy.co.jp/work/jins-classic/
	https://www.nice-guy.co.jp/work/jins-fashionxfunction/
	https://www.youtube.com/watch?v=Hm_lm296-mg
	https://www.tcc.gr.jp/copira/id/85937/

https://www.zoff.com/
https://www.meganeichiba.jp/lp/zerograneo/
96 https://gohako.jp/
https://www.tcc.works/web/
https://giginc.co.jp/
https://alive-web.co.jp/
https://break-c.com/
https://star-inc.co/
https://www.aceforce.co.jp/
https://nibal.co.jp/
https://pregro.jp/
https://senden.co/history/60
98 https://仙台ホームページ制作.jp/
https://www.dentsu-crx.co.jp/
https://www.cube-dentsu.co.jp/
https://www.h-products.co.jp/
https://www.kettle.co.jp/concept/
https://www.stories-llc.com/ja/
https://www.taki.co.jp/about/#purpose
http://www.cr-mind.co.jp/about
https://bulan.co/ja
https://www.do-cre.jp/
100 https://www.ryu2kasei.com/
https://www.facebook.com/YamatoTransportCoLtd/videos/未来より先に動け新cmいつでも買える日常へ篇/320327856460162/
https://www.nipponexpress-holdings.com/ja/press/2021/20210204-2.html
https://www.egw.co.jp/
https://www.daiwabutsuryu.co.jp/
https://www.alps-logistics.com/
https://shin-sankyo-pd.co.jp/
https://www.kyodologistics.co.jp/
https://oji-logistics.co.jp/
https://shinnippon-express.co.jp/
102 https://www.kyocera.co.jp/be_innovation/
https://www.ngk.co.jp/future/
https://corporate-brand.murata.com/
https://www.tdk.com/ja/news_center/press/201611142586.html
https://www.kbk-sootblower.co.jp/
https://global.toyota/jp/company/vision-and-philosophy/philosophy/
https://www.honda.co.jp/
https://kyoei-osaka.co.jp/
https://www.cowerk.jp/
104 https://senden.co/history/59
https://www.ntt-east.co.jp/eastgallery/ictru/
https://www.salesforce.com/jp/company/news-press/press-releases/2022/01/220112/
https://www.ryucom.co.jp/
https://www.di-system.co.jp/
https://www.foresight.co.jp/
https://rocksystem.co.jp/
https://www.orix.co.jp/system/
https://www.trustsystem.co.jp/
https://www.eiki-infosys.co.jp/
106 https://senden.co/history/57
https://www.kaneka.co.jp/
https://www.dic-global.com/ja/dic-oka/
https://www.sumitomo-chem.co.jp/
https://twitter.com/sdkg_copy/status/912920594307567622/photo/2
https://www.daicel.com/
https://mwcc.jp/
https://www.iskweb.co.jp/
https://www.eiken.co.jp/
https://www.tosoh.co.jp/
https://cp.takeyajp.com/
108 https://sendai-interactive-development.jp/
https://www.accenture.com/jp-ja
https://solution.lmi.ne.jp/
https://www.layers.co.jp/
https://www.libcon.co.jp/
https://visioncon-global.com/
https://www.rise-cg.co.jp/
https://www.yamada-cg.co.jp/
https://www.jp-wat.com/
https://axc-g.co.jp/
110 https://souda-kyoto.jp/
https://nara.jr-central.co.jp/
https://www.jreast.co.jp/funtokyo/
https://dof.jp/cases/ikuze/
https://prtimes.jp/main/html/rd/p/000000679.000022856.html
https://iwami-tottori-japan.com/
https://www.yamanaka-spa.or.jp/wp-content/themes/yamanaka/images/download/pdf/pamphlet8.pdf
https://souda-kyoto.jp/campaign/index.html
https://www.my-kagawa.jp/
https://www.pref.shiga.lg.jp/ippan/shigotosangyou/kanko/317183.html
114 https://uffington.jp/
https://jp.glico.com/corp_promotion/
https://prtimes.jp/main/html/rd/p/000000112.000016394.html
https://www.cocacola.co.jp/press-center/news-20191030-11
https://www.tcc.gr.jp/copira/id/85227/
https://www.tcc.gr.jp/copira/id/84377/
https://www.kumon.ne.jp/enter/search/classroom/1549250002/babykumon.html
https://www.ana.co.jp/pr/10-0406/10-ana-jr0624.html
https://twopla.com/lumine-season-calendar-2011/
https://senden.co/history/54
116 https://www.jreast.co.jp/stylingthenew/
https://www.jreast.co.jp/press/2016/20161017.pdf
https://www.lumine.ne.jp/magazine/activity/?p=148

https://www.itochu.co.jp/ja/corporatebranding/topics/2022/newspaper_winter.html
https://www.asahi-kasei.co.jp/hebel/information/images/pdf/220101.pdf
https://prtimes.jp/main/html/rd/p/000000548.000001735.html
https://mag.sendenkaigi.com/brain/202106/up-to-works/021530.php
http://okakin.jp/works/1202
https://senden.co/history/57

118
https://www.tcc.gr.jp/copira/id/86484/
https://nikaido-shuzo.co.jp/library.html
https://mag.sendenkaigi.com/brain/202012/up-to-works/020088.php
https://dentsu-ho.com/articles/3757
https://www.advertimes.com/20200401/article311652/
https://prtimes.jp/main/html/rd/p/000000191.000019299.html
https://www.tcc.gr.jp/copira/id/2019373/
https://www.shibuya109.co.jp/news/373/
https://filt.jp/backnumber/no62.html
https://senden.co/history/57

120
https://www.snowpeak.co.jp/mag-spw/
https://prtimes.jp/main/html/rd/p/000000002.000029532.html
https://prtimes.jp/main/html/rd/p/000000286.000030133.html
https://www.suntory.co.jp/enjoy/inshokuten/
https://lp.p.pia.jp/shared/cnt-s/cnt-s-11-02_2_eebc55df-25b0-467b-949f-b311a5791ea8.html
https://twitter.com/UNIQLO_JP/status/1359683578808815616
https://www.youtube.com/watch?v=8JXo5hbqKL8
https://www.kobe-c.ac.jp/about/outline/bd-creative
https://munistudio.jp/
https://senden.co/history

122
https://dentsu-ho.com/articles/794
https://www.oricon.co.jp/special/52863/
https://www.docomo.ne.jp/special_contents/brand/society/
https://www.240.takeda.com/
https://www.mitsui.com/corporatebranding/jp/ja/index.html
https://koo-ki.co.jp/works/detail/delljapan
https://note.com/netflix/n/n129c7dde59ab
https://prtimes.jp/main/html/rd/p/000000002.000059042.html
https://www.ghibli.jp/works/yamada/
https://senden.co/history/56

124
https://www.meiji.com/corporate/slogan.html
https://www.yakult.co.jp/
https://www.glico.com/jp/
https://www.zespri.info/
https://www.calpis.info/
https://www.ajinomoto.co.jp/
https://www.spoon-inc.co.jp/work/3392/
https://twitter.com/bodymainte_drnk/status/1196223997064728576
https://www.amazon.co.jp/dp/B0BNPGHWVC
https://senden.co/history/51

126
https://www.tcc.gr.jp/2018年度-tcc-新人賞/
https://twitter.com/NetflixJP/status/1313675452565712896
https://kotobayasan.com/ryoko-catchcopy/
https://koikeya.co.jp/news/detail/1408.html
https://award.jace.or.jp/archive/2021/nominate_01_11.html
https://mag.sendenkaigi.com/brain/201903/up-to-works/015456.php
https://www.tcc.gr.jp/copira/id/89317/
https://www.seiko.co.jp/group/information/
https://www.tcc.gr.jp/copira/id/28792/?writer=45232007
https://senden.co/history/59

128
https://www.youtube.com/watch?v=_vzq2bd_a0M
https://twitter.com/adv_asahi/status/1477067055014707200
https://www.honda.co.jp/stories/023/
https://vaio.com/news/brandmission_201104/
https://adv.asahi.com/series/campaign/11052745
http://mopn.blog10.fc2.com/blog-entry-1204.html
https://www.buzzfeed.com/jp/ainamaruyama/famimaru
https://www.kepco.co.jp/firstcareer/sougou/index.html
https://senden.co/history/56

130
https://www.sogo-seibu.jp/watashiwa-watashi/
https://www.pilot.co.jp/ad/corporate/paper50.html
https://twitter.com/nttcom_online/status/1247358259977007105
https://twitter.com/kotobatoad/status/1216513659775504384
https://arima-royal.com/staff/3331
https://www.tcc.gr.jp/copira/id/2019823/
https://www.tcc.gr.jp/copira/id/88631/
https://www.tcc.gr.jp/copira/id/2018314/
https://adv.yomiuri.co.jp/jirei/dt5231.html
https://www.toppan.co.jp/recruit/shinsotsu/recruit/message.html

132
https://twitter.com/HondaHeart_JP/status/1660239019249135623
https://www.advertimes.com/20220323/article379643/
https://www.japia.or.jp/topics_detail/id=2529
https://www.fashionsnap.com/article/2017-08-05/asics-new-brand-message/
https://www.asics.com/jp/ja-jp/mk/bukatsu
https://www.cocacola.co.jp/press-center/news-20150317
https://catchcopy.make1.jp/index.cgi?start=151&end=178&6&searchstr=%E6%96%B0%E5%B9%B4
https://www.parco.co.jp/specialinyou/archive/2013/01/
https://www.komehyo.co.jp/s_pages/brand/index
https://senden.co/history/56

134
https://prtimes.jp/main/html/rd/p/000000006.000062542.html
https://twitter.com/earth_1999/status/1430817335682617347
https://www.opt.ne.jp/recruit/nakama/
https://twitter.com/calpis_mizutama/status/1014078220797292544
https://www.ajinomoto.co.jp/kfb/cm/newspaper/ajinomoto_np083/cm.html
https://www.lifecard.co.jp/lp/brand.html
https://keishindo-recruit.jp/
https://kochi-iju.jp/file.jsp?id=5434
https://www.yonedagumi.com/recruit/
https://senden.co/history/52

136   https://www.lumine.ne.jp/magazine/activity/?p=201
https://m.facebook.com/lumine.jp/posts/3773858106023774/?locale=cs_CZ
https://www.tcc.gr.jp/copira/id/2019198/
https://www.advertimes.com/20170313/article246204/
https://kotobayasan.com/?p=7417&preview=true#i-5
https://www.tcc.gr.jp/copira/id/14486/
https://pocarisweat.jp/sembatsu-19/
https://www.taiyokikaku.com/newsentry/3571
https://twitter.com/suntory/status/563987978897195010?lang=ja
https://www.tcc.gr.jp/copira/id/2018052/

138   https://music.spaceshower.jp/news/161929/
https://twitter.com/shueishabunko/status/1011913764130549761?lang=ar
https://www.pilot.co.jp/ad/corporate/paper46.html
https://twitter.com/calpis_mizutama/status/1156731382548164613
『「青春18きっぷ」ポスター紀行』（込山 富秀 著　講談社）
http://okakin.jp/works/2540
https://h-sunad.co.jp/works/2016/#4124
https://www.tcc.gr.jp/copira/id/85379/
https://www.facebook.com/TokyoSummerland/posts/939525866070913/?locale=ja_JP
https://www.tcc.gr.jp/copira/id/9406/?writer=15041984

140   https://souda-kyoto.jp/other/autumn2022/
https://www.youtube.com/watch?v=A2dV-K_0gZg
https://www.tcc.gr.jp/copira/id/32865/
https://www.kikkoman.com/jp/memory/advertisement/201409.html
https://www.kikkoman.com/jp/memory/advertisement/201209.html
https://prtimes.jp/main/html/rd/p/000000081.000003279.html
https://prtimes.jp/main/html/rd/p/000000012.000032603.html
https://www.tcc.gr.jp/copira/id/13110/
https://prtimes.jp/main/html/rd/p/000000771.000022856.html
https://www.tcc.gr.jp/copira/id/87833/

142   https://www.advertimes.com/20201106/article328217/
https://www.advertimes.com/20140530/article158230/4/
https://www.tcc.gr.jp/copira/id/86276/
https://www.tcc.gr.jp/copira/id/2314/
https://www.sekisuihouse.co.jp/company/adgallery/ad/ad_01/
https://www.kikkoman.com/jp/memory/advertisement/201412.html
https://www.tcc.gr.jp/copira/id/2019627/
https://www.epoch-inc.jp/works/shibuyasq/
https://www.tcc.gr.jp/copira/id/7237/
https://mag.sendenkaigi.com/brain/202203/up-to-works/023320.php

144   http://www.lumine.co.jp/
https://www.u-can.co.jp/company/news/1210268_3482.html
https://twitter.com/googlejapan/status/1467795985954918405
https://www.karuizawachurch.org/message/?id=19
https://tapple.me/news/545232208592372673
https://www.tcc.gr.jp/copira/id/86651/
https://www.dhw.ac.jp/jibun/
https://mag.sendenkaigi.com/brain/202203/up-to-works/023431.php
https://news.livedoor.com/topics/detail/11187681/
https://senden.co/history/59

146   https://predge.jp/83671/
https://www.sumitomolife.co.jp/about/newsrelease/pdf/2016/160929.pdf
https://prtimes.jp/main/html/rd/p/000000001.000093538.html
https://archive2018.maxilla.jp/archives/388
https://www.mode.ac.jp/tokyo/mind/media
https://prtimes.jp/main/html/rd/p/000000281.000005069.html
https://www.lumine.ne.jp/magazine/activity/?p=200
https://www.youtube.com/watch?v=umKRifvo7M0
https://twitter.com/kotobatoad/status/1212321900367474689
https://ooh-media.keio-ag.co.jp/case_study/京王ブランドムービー「好きな駅と生きていく」

148   https://sumai.tokyu-land.co.jp/concept/values/
http://www.plusd.co.jp/works/582.html
https://advanced.massmedian.co.jp/news/detail/id=9446
https://twitter.com/ChansonOfficial/status/1215574094839787520
https://macs.mainichi.co.jp/design/ad-m/history/73.html
https://www.ajinomoto.co.jp/kfb/cm/newspaper/pdf/2022_1.pdf
https://marketing.nikkei.com/case/newspaper/detail/000634.html
http://tabi-gucchi.cocolog-pikara.com/blog/2021/03/post-01189a.html
https://www.takiron-ci.co.jp/corporate/adgallery/
https://blog.goo.ne.jp/backcast2007/e/54c79b410bed021c843f8b93115805fb

150   https://twitter.com/nikkei_ad_flash/status/1340868357319364608
https://power.mhi.com/jp/news/20201222.html
https://twitter.com/adv_asahi/status/1392998202714910720
https://www.sekisui.co.jp/company/brand/corppr/
https://marketing.nikkei.com/case/newspaper/detail/000914.html
https://www.yokkaichi-jc.or.jp/
https://www.ngk.co.jp/info/gallery/2019-sdgs/paper.html
https://www.incchu.co.jp/ja/corporatebranding/topics/2021/newspaper_summer.html
https://prtimes.jp/main/html/rd/p/000000656.000010686.html

152   https://www.mhi.com/jp/company/aboutmhi/introduction/sustainable/
https://twitter.com/nikkei_ad_flash/status/1189753885419663360
https://www.toyota-tsusho.com/company/img/advertisement_2021_im01.jpg
https://prtimes.jp/main/html/rd/p/000000003.000027234.html
https://www.env.go.jp/earth/carbon-neutral-messages/
https://twitter.com/nikkei_ad_flash/status/1367308933992357892
https://www.mitsubishielectric.co.jp/business/biz-t/contents/3min-column/column022.html?scrollY=4472.75
https://de-denkosha.co.jp/datsutanso/
https://www.scsk.jp/sp/persefoni/
https://fabrica-inc.jp/work/i85vmnacqq/

154   https://prtimes.jp/main/html/rd/p/000000510.000016166.html
https://kyodonewsprwire.jp/release/201804132916
http://www.visiontrack.jp/news/shirao_sushi/
https://www.draft.jp/mosburger-1985-2000
https://japan.cnet.com/article/35192910/
https://www.tcc.gr.jp/copira/id/32567/

https://www.sukiya.jp/news/Press_20221202_cm.pdf
https://mag.sendenkaigi.com/senden/201507/commodity-era/005477.php
https://www.subway.co.jp/press/year2018/news2352/

156 https://senkyo.co/
https://www.jrkyushu.co.jp/app/lp/
https://jp.sharp/business/print/solution/pickup/bp70series.html
https://rdlp.jp/archives/otherdesign/lp/30112
https://foop.cestec.jp/
https://www.elecom.co.jp/pickup/contents/00079/
https://prtimes.jp/main/html/rd/p/000000229.000002864.html
https://www.pinterest.jp/pin/513903007478068549/
https://rdlp.jp/archives/otherdesign/lp/19003
https://www.shimz.co.jp/company/about/koukoku/pdf/ncm_color-08.pdf

158 https://smart-analytics.jp/learning/online_training/
https://prtimes.jp/main/html/rd/p/000000031.000078807.html
https://twitter.com/Nintendo/status/1077829317235683328
https://www.instagram.com/p/BHjVeYTjLnx/
https://www.kenei-pharm.com/tepika/mini/
https://www.tiktok.com/@diane.perfectbeauty/video/7210673237494123777
https://slimwalk.pipjapan.co.jp/special4/
https://prtimes.jp/main/html/rd/p/000000146.000015371.html
https://www.value-press.com/pressrelease/301358
https://www.morinaga.co.jp/company/newsrelease/detail.php?no=2222

160 https://www.sony.com/ja/SonyInfo/CorporateInfo/purpose_and_values/
https://mag.sendenkaigi.com/brain/202303/up-to-works/025822.php
https://designbysix.jp/blog/2991
https://www.okuhoken.co.jp/
https://www.tcc.gr.jp/copira/id/85974/
https://www.tcc.gr.jp/copira/id/11839/
https://twitter.com/adv_asahi/status/1540834756400558080
https://prtimes.jp/main/html/rd/p/000000130.000077656.html
https://ameblo.jp/masahumix/entry-11606233351.html
https://mag.sendenkaigi.com/brain/202109/fine-copy/022178.php

162 https://k-art-factory.jp/landingpage/
https://www.ad-market.jp/sns-ambassador/
https://prtimes.jp/main/html/rd/p/000000017.000071049.html
https://prtimes.jp/main/html/rd/p/000000073.000019241.html
https://lululun.com/shop/pages/lotion
https://www.mizuhobank.co.jp/retail/products/payment/jcbdebit/index.html
https://prtimes.jp/main/html/rd/p/000000103.000017639.html
https://www.jreast.co.jp/suica/
https://www.jtekt.co.jp
https://senden.co/history/58

164 https://mag.sendenkaigi.com/brain/202202/up-to-works/023128.php
https://cweb.canon.jp/solution/pro-photo/casestudy/07_osaka/
https://adv.asahi.com/series/campaign/11052057
https://citizen.jp/news/2012/20120919_2.html
https://linecorp.com/ja/pr/news/ja/2017/1679
https://information.nttdocomo-fresh.jp/
https://hermandot.co.jp
https://www.dnp.co.jp/news/detail/10158196_1587.html
https://www.terumo.co.jp/story/ad/newspaper/challenge/vol4
https://www.simplex.holdings/

166 https://www.tcc.gr.jp/copira/id/27539/
http://www.fujimoto-deburring.co.jp/
https://www.murata-brg.co.jp/weblog/2017/07/業界誌に掲載する広告を一新！.html
https://item.rakuten.co.jp/f433641-gyokuto/10000132/
https://suke-dachi.jp/
https://harmo-nics.jp/works/cocktailbar
https://www.muji.com/jp/coffee/
https://www.mode.ac.jp/tokyo/mind
https://www.tcc.gr.jp/copira/id/352/
https://senden.co/history/52

168 https://rdlp.jp/archives/otherdesign/lp/50151
https://item.rakuten.co.jp/pmone/4573340051088/
https://lp.soelu.com/trial_studio/index.html
https://mainichi.jp/articles/20180222/pls/00m/020/261000c
https://www.nitori.co.jp/nitorifun/story/
https://www.ara1000.jp/
https://twitter.com/lets_go_yokado/status/1410800132241575936
https://www.muji.com/jp/goodprice/
https://www.donki.com/j-kakaku/pb/pb.php
https://senden.co/history/57/student

170 https://www.sonysonpo.co.jp/cm/ccmg002.html
https://www.tcc.gr.jp/copira/id/85545/
https://www.tcc.gr.jp/copira/id/86120/
https://www.tcc.gr.jp/copira/id/7882/
https://www.petline.co.jp/medycoat/
https://rdlp.jp/archives/otherdesign/lp/36282
https://masuko-kenkiku.com/
https://prtimes.jp/main/html/rd/p/000003340.000003442.html
https://www.greencoop.or.jp/onegai/
https://senden.co/history/57

172 https://www.kodansha.com/jp/
https://twitter.com/nikkei_ad_flash/status/1212197969505615872
https://www.anabuki.ne.jp/company/publicity/pdf/anabukikosan2009.pdf
https://m.facebook.com/profile.php?id=155847337808504
https://autoc-one.jp/nissan/gt-r/special-1216603/photo/0010.html
https://prtimes.jp/main/html/rd/p/000000064.000023348.html
https://twitter.com/actresspress/status/682629845092843520
https://twitter.com/bourbon_jp/status/1316181932187758593
https://kobito.co.jp/works/the-power-of-christmas/
http://okakin.jp/works/2726

176 https://dentsu-ho.com/articles/7078
https://www.sbfoods.co.jp/honnama30/

https://www.donki.com/j-kakaku/pb/pb.php
https://www.lotte.co.jp/products/brand/soh
https://senden.co/history/60
https://senden.co/history/58
https://senden.co/history/56/student

178
https://www.tcc.gr.jp/copira/id/922/
https://www.hakuhodo.co.jp/about/creativity/
https://www.recruit.co.jp/company/involvement/ad/2017/
https://www.advertimes.com/20201204/article330313/
https://www.advertimes.com/20220707/article389115/
https://www.duskin.co.jp/company/ad/
https://senden.co/history/60
https://senden.co/history/59
https://senden.co/history/57
https://senden.co/history/56

180
https://prtimes.jp/main/html/rd/p/000000345.000032749.html
https://twitter.com/adv_asahi/status/1507862880666136578/photo/1
https://www.cinemacafe.net/article/img/2018/12/05/59344/408898.html
https://www.recruit.co.jp/company/involvement/ad/2006/
https://www.ssnp.co.jp/foodservice/211100/
https://www.kayac.com/service/client/1498
https://www.advertimes.com/20170810/article256019/3/
https://news.nissyoku.co.jp/news/yamamoto20080331051843051
https://twitter.com/SHISEIDO_corp/status/925693918351581185
https://housefoods.jp/company/news/news1001001741.html

182
https://koyamajunko.com/ファミリーマート「ファミマル」/
https://sapporo-1ban.com/
https://www.chusho.meti.go.jp/keiei/sapoin/monozukuri300sha/2021/syoutengai/syoutengai018.pdf
https://www.kindai.ac.jp/archives/
https://senden.co/history
https://senden.co/history/60
https://senden.co/history/59
https://senden.co/history/54

184
https://www.tcc.gr.jp/copira/id/10874/
https://tv-rider.jp/column/oronine-onomatope
https://mag.sendenkaigi.com/brain/202003/up-to-works/018227.php
https://www.advertimes.com/20201210/article331456/
https://jp.yamaha.com/services/welcomback_music/index.html
https://mag.sendenkaigi.com/brain/202106/up-to-works/021514.php
https://senden.co/history
https://senden.co/history/60
https://senden.co/history/59

186
https://www.tcc.gr.jp/copira/id/21393/?writer=21101994
http://2019.kodansha.co.jp/as
https://www.tcc.gr.jp/copira/id/88050/
https://m.facebook.com/nikkei.dual/posts/2727362190668399/
https://www.tcc.gr.jp/copira/id/89135/?writer=55272007
https://www.tcc.gr.jp/copira/id/2020360/
https://www.tcc.gr.jp/copira/id/86287/
https://senden.co/history
https://senden.co/history/55
https://senden.co/history/51

188
https://prtimes.jp/main/html/rd/p/000000101.000005794.html
https://www.suzuki.co.jp/release/a/a981007b.htm
https://mag.sendenkaigi.com/brain/201804/up-to-works/012952.php
http://okakin.jp/works/2116
https://mag.sendenkaigi.com/brain/202203/up-to-works/023431.php
https://www.tcc.gr.jp/copira/id/25064/
https://senden.co/history/60
https://senden.co/history/55

190
https://www.tcc.gr.jp/copira/id/32502/
『毎日読みたい365日の広告コピー』（WRITES PUBLISHING 著 ライツ社）
https://www.tcc.gr.jp/copira/id/2019589/
https://www.srigroup.co.jp/corporate/saki.html
https://www.facebook.com/photo/?fbid=2984256778566501&set=ecnf.100057078956615
https://twitter.com/nochiiino/status/1476019878859780100/photo/1
https://senden.co/history/59
https://senden.co/history/52
https://senden.co/history/60

192
https://www.yoshinoya.com/
https://www.lumine.co.jp/
https://www.tcc.gr.jp/copira/id/87479/
https://www.recruit.co.jp/company/involvement/ad/2017/
https://mag.sendenkaigi.com/brain/202109/up-to-works/022136.php
https://www.ajinomoto.co.jp/company/jp/presscenter/press/detail/2010_01_28_2.html
https://www.pairs.lv/mypace
https://www.nabtesco.com/characters/
https://senden.co/history/60
https://senden.co/history/59

194
https://www.ad-c.or.jp/campaign/search/index.php?id=716&sort=businessyear_default
https://www.sogo-seibu.co.jp/pdf/20210104_01.pdf
https://www.kobayashi.co.jp/
https://www.watanabejunpei.jp/works/10822
https://www.moudouken.net/special/ac/
https://www.tcc.gr.jp/copira/id/32585/
https://www.honda.co.jp/HondaHeart/about/carbon-neutral/
https://senden.co/history/57
https://senden.co/history/60
https://senden.co/history/54

『コピー年鑑2020』『コピー年鑑2019』『コピー年鑑2018』『コピー年鑑2016』『コピー年鑑2015』『コピー年鑑2014』『コピー年鑑2013』
『コピー年鑑2012』『コピー年鑑2011』『コピー年鑑2010』『コピー年鑑2009』『コピー年鑑2008』『コピー年鑑2006』『コピー年鑑2005』
『コピー年鑑2002』『コピー年鑑2001』『コピー年鑑1989』『コピー年鑑1987』『コピー年鑑1985』『コピー年鑑1982』『コピー年鑑1981』
『コピー年鑑1979』『コピー年鑑1976』（以上、東京コピーライターズクラブ 編 宣伝会議）
『TCC広告年鑑1999』『TCC広告年鑑1990』（以上、東京コピーライターズクラブ 編 誠文堂新光社）

本書内容に関するお問い合わせについて

このたびは翔泳社の書籍をお買い上げいただき、誠にありがとうございます。弊社では、読者の皆様からのお問い合わせに適切に対応させていただくため、以下のガイドラインへのご協力をお願い致しております。下記項目をお読みいただき、手順に従ってお問い合わせください。

●ご質問される前に

弊社Webサイトの「正誤表」をご参照ください。これまでに判明した正誤や追加情報を掲載しています。

　　　正誤表　　　https://www.shoeisha.co.jp/book/errata/

●ご質問方法

弊社Webサイトの「書籍に関するお問い合わせ」をご利用ください。

　　　書籍に関するお問い合わせ　　　https://www.shoeisha.co.jp/book/qa/

インターネットをご利用でない場合は、FAXまたは郵便にて、下記"翔泳社 愛読者サービスセンター"までお問い合わせください。
電話でのご質問は、お受けしておりません。

●回答について

回答は、ご質問いただいた手段によってご返事申し上げます。ご質問の内容によっては、回答に数日ないしはそれ以上の期間を要する場合があります。

●ご質問に際してのご注意

本書の対象を超えるもの、記述箇所を特定されないもの、また読者固有の環境に起因するご質問等にはお答えできませんので、予めご了承ください。

●郵便物送付先およびFAX番号

送付先住所　　〒160-0006　東京都新宿区舟町5
FAX番号　　　03-5362-3818
宛先　　　　　（株）翔泳社 愛読者サービスセンター

著者プロフィール

長井 謙（ながい けん）

新聞社で広告制作、記事配信の経験を経て、コピーライターとして独立。「こと
ばやさん」（https://kotobayasan.com/）代表。企業の想いをストーリーにする
コンセプトメッセージや、商品の魅力を分かりやすく伝えるキャッチコピーを得
意とする。ホームページやパンフレット、商品パッケージや看板など豊富な制作
実績を持つ。中央大学クレセント・アカデミーで「キャッチコピー書き方講座」
の講師を務める。宣伝会議賞をはじめ広告コンテストで多数の受賞経験あり。主
な受賞作品として「リア住。」（和田興産）「あの手、この手を、1つの手で。」（シャ
ノン）「このポスター、工程まで美しい。」（日本WPA）がある。

装丁・本文デザイン・DTP　　杉江 耕平
イラスト　　　　　　　　　　森田 啓一

逆引きキャッチコピー事典
業界／キーワード／季節／流行／環境／テクニックから引ける

2023年 9月11日 初版第1刷発行
2023年11月10日 初版第2刷発行

著者　　　　長井 謙（ことばやさん）
発行人　　　佐々木 幹夫
発行所　　　株式会社 翔泳社（https://www.shoeisha.co.jp）
印刷・製本　株式会社加藤文明社印刷所

©2023 Nagai Ken

ISBN978-4-7981-7878-3
Printed in Japan